논 · 술 · 세 · 계 · 대 · 표 · 문 · 학

57

생의 한가운데

루이제 린저 | 윤남영 엮음

H 훈민출판사

루이제 린저의 모습

1939년 히틀러의 50세 탄생을 기념하는 퍼레이드 — 〈생의 한 가운데〉의 배경은 제2차 세계대전 중의 독일이다.

The Best World Literature

암스테르담에 있는 레지스탕스의 기념비 — 〈생의 한가운데〉에서 주인공 니나는 나치에 반대하는 레지스탕스 일원으로 활동한다.

제2차 세계대전에 사용된 무기들

독일 프랑크푸르트의 뢰머 광장

독일의 마을 풍경

제2차 세계대전으로 희생된
독일군 병사의 무덤

라인 강 - 독일 발전의 원동력이
되었다.

레지스탕스 지하 조직이 사용했던 장갑차

The Best World Literature

독일 남부에 있는 아름다운 도시 하이델베르크 – 도시 사이로 네카어 강이 흐른다.

구인환(丘仁煥)

서울대학교 사범대학 졸업. 동 대학원 졸업(문학박사)
서울대학교 명예교수, 소설가(현). 서울대학교 사범대학 국어교육연구소 소장(현)
문학과문학교육연구소 소장(현). 국제펜 한국본부 부회장(현)
한국소설문학상(1987). 예술문화대상(1994). 한국문학상(2000)
작품 〈숨쉬는 영정〉, 〈살아 있는 날들〉, 〈일어서는 산〉 외 다수

- **저서** 《한국단편소설의 이해》, 《한국현대소설의 비평적 성찰》,
  《고교생이 알아야 할 소설》, 《고교생이 알아야 할 세계단편소설》 외 다수

윤병로(尹柄魯)

성균관대학교 국어국문학과 졸업. 동 대학원 졸업(문학박사)
성균관대학교 교수, 문학평론가(현). 한국현대소설학회장(현)
한국문예학술저작권협회 이사(현). 한국간행물윤리위원회 위원(현)
한국펜 문학상(1987). 한국문학상(1988). 대한민국문학상(1989)
수필집 《나의 작은 애인들》 외 다수

- **저서** 《현대 작가론》, 《한국 현대 소설의 탐구》,
  《한국 근대 작가 작품 연구》, 《한국 현대 작가의 문제작 평설》 외 다수

홍성암(洪性岩)

고려대학교 국어국문학과 졸업. 한양대학교 대학원 국어국문학과 졸업(문학박사)
동덕여자대학교 교수, 소설가(현). 한국문인협회 회원(현)
한국소설가협회 이사(현). 국제펜 한국본부 소설분과 이사(현). 한민족 문화학회 회장(현)
창작집 《큰 물로 가는 큰 고기》, 《어떤 귀향》 외
대하역사소설 《남한산성》 (전9권) 외 다수

- **저서** 《문학의 이해》, 《현대 작가론》, 《한국 근대 역사소설 연구》 외 다수

기
획
·
감
수

독일에 있는 한국인 거리

논술 *세계대표문학*을 펴내며

　21세기의 사회는 **'전자 문명 시대'**라 일컬어질 만큼 오늘날 전자 산업은 우리 생활의 거의 모든 분야에 다양하게 응용되고 있습니다. 출판 분야 또한 예외는 아니어서, 종래의 서책(Book) 대신에 이른바 '전자책(CD-ROM)'의 출간이 최근 들어 날로 증가하고 있습니다.

　그러나 이러한 전자책은 영상 또는 모니터상으로 흥미 위주나 백과사전식 지식을 습득하는 데는 효과적일지 모르지만, 문학 공부를 위해서는 별로 도움이 되지 않습니다. 바꾸어 말하면, 문학 공부는 각 지면마다 살아 숨쉬는 표현 하나하나를 독자 자신의 머리로 음미하면서 작품을 읽어 나가는 가운데, 풍부한 상상력의 배양과 함께 작가의 의도와 그 작품의 내면을 깊이 있게 이해함으로써 이루어지는 것입니다.

　이에 훈민출판사에서는, 자라나는 학생들이 범람하는 영상 매체에 길들여지기 전에, 어려서부터 유명한 세계문학 작품들을 책자를 통하여 감명 깊게 읽고 감상함으로써, 올바른 문학 공부의 기틀을 다지고, 아울러 전인 교육도 할 수 있도록 《논술 세계대표문학(전60권)》을 펴내게 되었습니다.

　작품 선정은, 초·중·고등학교 국어 교과서와 역사 교과서에 실리거나 소개된 문학 작품을 중심으로 하되, 그리스 신화와 성경 이야기 등의 고전에서부터 중세·근대·현대에 이르기까지 세르반테스·셰익스피어·톨스토이 등 세계 유명 작가들의 장·단편 소설들을 엄선·수록하였습니다. 또 세계의 명시도 별권으로 엮었으며, 특히 각 단락마다 **'논술 문제'**를 제시하여, 장차 대학입시를 비롯한 각종 '논술 고사'에 예비 지식을 쌓을 수 있도록 배려하였습니다. 아무쪼록, 이 《논술 세계대표문학(전60권)》이 자라나는 학생들에게 문학 공부의 주춧돌이 되고, 나아가 미래를 살아가는 데 **정신적 자양분**이 되기를 진심으로 바라 마지않습니다.

훈민출판사

차례

생의 한가운데

린저

지은이

1911~2002년. 독일의 남부 바이에른 주에서 출생. 14세 때에 독일의 시인 횔덜린에 대한 공부를 하게 되면서 문학에 눈을 떴다. 1940년에 〈파문〉을 발표하면서 문단의 주목을 받기 시작했다. 1944년 반나치 운동을 했다는 이유로 사형 선고를 받지만, 1945년 전쟁이 끝나자 풀려났다. 린저는 그 때의 경험을 되살려 〈옥중일기〉를 쓰면서 작품 활동을 다시 시작했다. 이후 〈다니엘라〉, 〈생의 한가운데〉, 〈완전한 기쁨〉 등을 써서 움츠려 있던 독일 문학계에 새 바람을 일으켰다.

전후 독일의 가장 뛰어난 산문 작가로 평가받았으며, 사회참여적인 주제의식이 기독교적 질서 안에서 조화를 이루고 있다.

생의 한가운데

뮌헨에서 온 전화

자매는 서로에 관해 모든 것을 알고 있거나 아니면 전혀 모른다.

나는 최근까지만 해도 내 동생 니나에 대해 아는 것이 아무것도 없었다. 나보다 열두 살이나 어린 니나는 내가 결혼할 당시, 뻣뻣한 갈래머리를 한 열 살짜리 말라깽이 소녀였다.

결혼식장에서 부모님은 니나에게 내 면사포를 들고 가게 했다. 하지만 화가 난 니나는 말도 제대로 못하면서 면사포에 침을 뱉었다. 그 뒤로 좀 나아지기는 했지만 니나는 여전히 예쁘거나 귀여운 데라고는 없는 아이였다.

니나가 자기에게 간섭하지 말라고 선언한 뒤로, 나도 그 아이에 대한 관심을 거두었다. 내가 남편과 함께 외국으로 나간 뒤로 니나는 내 시야에서 완전히 사라지고 말았다.

그런데 작년에 뜻하지 않게 나는 니나를 바덴바일러의 뢰머바트 호텔에서 만난 것이다. 나는 그 애를 한눈에 알아보았다.

니나는 놀라울 정도로 변해 있었다. 그 애는 여전히 예쁘지는 않았지만, 야성적인 무언가를 지니고 있었다. 어떤 점이 그 애로 하여금 야성적으로 보이게 했는지 딱 꼬집어 말하기는 어려웠다. 그 애는 아주 고급스럽게 차려입은 데다가 이마에 두어 가닥의 웨이브가 흘러내리는 머리를 했고, 입술은 붉게 칠하고 있었다. 그렇다고 아주 눈에 띄는 모습을 하고 있는 것은 아니었다.

그런데도 모든 남자들이 그 애를 쳐다보았다. 니나를 미처 알아보지 못한 내 남편조차 그랬다. 나는 남편에게 그 애가 니나라는 말을 하지 않았다.

나는 지금도 내가 왜 니나에게 알은 체를 하지 않았는지 모르겠다. 그것은 아마도 니나가 심각한 표정으로 혼자 탁자를 마주 한 채 앉아 있었기 때문인 것 같다.

문이 열릴 때마다 니나는 잠깐씩 고개를 들었다. 그러더니 이내 어두운 표정으로 신문에 눈을 주었다. 그 애는 몇 시간째 같은 면만 들여다보고 있었다.

니나는 위스키를 마셨다. 내가 센 것만도 벌써 다섯 잔째다. 나는 니나가 비틀거리지 않을까 염려스러웠으나, 그 애는 멀쩡했다. 나이가 서른일곱 살인데도 거의 처녀 같았다. 니나가 나가려고 일어섰을 때, 나는 얼른 니나의 뒤를 따라갔다.

"니나! 정말 네가 니나니?"

니나는 한참 만에 나를 알아보았으나, 그다지 놀라지는 않았다.

"다시 독일에 온 거야?"

그 애가 무뚝뚝한 말투로 물었다.

"응, 일 년 예정으로……. 남편과 함께 여기서 스톡홀름 신문 일을 하고 있거든. 곧 스웨덴으로 갈 거야. 그런데 넌 여기서 뭘 하고 있니?"

"술을 마시고 있어, 보시다시피."

그 순간 나는 니나의 얼굴에 스쳐가는 절망을 엿보았다.

"여기 혼자 있는 거니?"

니나가 고개를 끄덕였다.

"오래 머물 거야?"

니나는 어깨를 으쓱해 보였다. 나는 더 이상 참기가 힘들었다.

"니나! 뭐라고 말 좀 해 봐. 대체 어떻게 된 거야? 내가 도울 일은 없니?"

그러자 니나가 미소를 지었다. 그 미소에는 약간의 경멸과 우월감이 비쳤으나, 어딘지 모를 감동적인 우수가 스며 있었다.

"우리 나가요. 나 좀 바래다 줘."

밖으로 나오자 니나는 몸을 떨었다. 우리는 공원을 가로질러 갔다. 풀잎에 맺힌 이슬이 다리를 적셨다. 나는 니나가 먼저 말을 꺼내 주기를 바랐으나, 한편으론 시시한 연애 얘기 따위나 듣게 될까 봐 겁이 났다.

도로로 나온 우리는 아래로 곧장 걸어가기 시작했다. 어느새 날이 밝기 시작했고, 공기가 싸늘해졌다.

문득 니나가 메마른 목소리로 말했다.

"누군가를 기다렸는데, 그는 끝내 안 왔어. 오늘 기차로 떠날 거야. 주소나 적어 줘. 편지할지도 모르니까."

그런 다음 니나는 떠났다. 나는 어깨를 으쓱 하고는 호텔로 돌아오는 수밖에 없었다.

이 짧은 만남에 대한 기억은 오래 갔다. 나는 니나에게 몇 번이나 편지를 쓰려고 노력했으나, 쓰지 못했다. 대신 니나가 쓴 글이 실린 옛날 잡지를 주문했다. 하지만 나는 니나가 쓴 글들이 형편없을까 봐 읽을 수가 없었다.

그로부터 아홉 달이 지난 어느 날 아침, 나는 뮌헨에서 걸려 온 전화 벨 소리에 잠을 깼다.

"미안해."

알아듣기 힘든 목소리가 전화기 저편에서 들려왔다.

"나야, 니나. 더 일찍 전화하기가 어려웠어. 나…… 다음 주에 런던으

로 떠나."

나는 잠이 덜 깬 목소리로 물었다.

"그러니? 오래 머물 거야?"

"아마도. 그건 그렇고……. 내 생일에 와 주겠어?"

"니나, 넌 어릴 때부터 누가 네 생일을 축하해 주는 걸 싫어했잖니?"

"물론, 지금도 축하 받으려고 그러는 건 아냐. 하지만 의논하고 싶은 일이 있어. 와 줄 수 있겠어?"

"그래, 그럴게. 야간 급행 열차를 타면 월요일 아침에는 도착할 수 있을 거야."

전화가 끊겼다. 니나의 목소리는 무겁게 가라앉아 있었다. 나는 니나에게 무슨 일이 생긴 걸까 걱정이 됐다. 그러나 나는 누구나 다 알고 있는 몇 가지 사실 외에는, 그 애의 삶에 대해 아는 것이 없었다.

니나는 스물여섯 살 때 임신을 하고 결혼했으나 1, 2년 후에 이혼을 했다. 또 히틀러 치하에서 체포당했으나 그것이 좋은 글을 쓰는 데 방해가 되지는 못했다는 것, 그것이 내가 아는 전부였다.

사람들은 니나가 매혹적이지만 건방지다고 말했는데, 그녀의 말투에는 늘 존경의 어조가 담겨 있어 나를 놀라게 했다.

그렇게 니나는 느닷없이 내 앞에 나타났다. 나는 니나를 좀더 일찍 만나지 못한 것이 후회스러웠다. 사실 우리 자매는 우리가 부모님의 친자녀가 아니라는 느낌 외에는 공유하고 있는 것이 없었다. 예민하고 개성 강한 아이들이 대부분 그러한 것처럼.

그럼에도 나는 니나를 다시 만난다는 사실이 무척 기뻤다. 남편이 자동차로 잘츠부르크로 데려다 주었기 때문에, 나는 기차를 탈 필요가 없었다. 그는 나와 니나의 만남을 방해하고 싶지 않다고 말했다.

니나와의 재회

　밤새도록 달려 니나의 집 앞에 도착한 시각은 아침 7시였다. 3층 니나의 집 창문은 열린 채였고, 커튼조차 보이지 않았다. 니나가 이미 떠나 버린 게 아닐까 하는 걱정이 앞섰다. 니나의 이해하기 어려운 성격으로 미루어 충분히 있을 수 있는 일이었다.

　하지만 니나는 아직 집에 있었다.

　"들어와."

　니나는 아주 창백한 얼굴을 하고 나를 맞아주었다. 집은 어느 새 텅 비어 있었다.

　얼마 전까지 가구가 있었을 자리에는 긴 의자 하나와 담요 몇 장, 책과 가스레인지, 냄비, 커피잔, 통조림이 놓인 책상이 전부였다. 구석에는 옷이 든 트렁크가 열린 채로 있었고, 주소가 적힌 꼬리표가 달린 트렁크도 몇 개 보였다.

　"커피 끓일게."

　그러더니 니나는 커피 물을 올려놓고 궤짝 위에 앉아 담배를 피워 물었다. 나는 정원용 의자에 앉아 가져온 물건을 꺼냈다. 케이크와 수선화 다발을 건네자 니나는 놀라서 물었다.

　"웬 꽃이야?"

　"네 생일이라며?"

　니나의 태도에 나는 무안해졌다.

　"난 또, 잊고 있었어. ……. 그런 말을 왜 했는지 모르겠네."

　니나는 갑자기 벌떡 일어났다. 그 애의 얼굴은 바에서 보았을 때보다 더 나이 들어 보였다. 지난 밤에 한잠도 자지 못한 것이 분명했다. 어쩌면 벌써 여러 날째 그러고 있는지도 모른다.

니나가 커피 잔을 건네주며 말했다.

"커피 맛 어때? 난 진한 커피가 좋아. 굉장히 검고 단 커피 말야. 언니도 그래?"

니나는 다시 일어나더니 잔 두 개와 술병 하나를 가져왔다.

"위스키야. 마실래?"

"아니, 술을 마시기엔 너무 이른 아침이야."

니나는 잔이 넘치게 술을 따르더니 단숨에 마셔 버렸다.

"니나! 넌 술을 너무 많이 마시는구나."

"아무래도 상관없어. 마시지 않고는 배길 수 없으니까. 물론 여길 떠나면 안 마실 거야."

니나는 또 한 잔을 넘치게 따랐으나 이번에는 반만 마셨다.

"어떻게 벌써 왔어? 마중 나갈 생각이었는데……. 난, 수요일에 여길 떠나."

니나는 재빨리 말하고 술잔을 비웠다. 그러더니 문득 상자 위에 놓아 둔 꽃다발로 눈길을 돌렸다.

"내가 꽃 중에서 수선화를 가장 좋아하는 줄 어떻게 알았어?"

"그랬니? 난 모르고 있었어."

나는 마치 무슨 비밀이라도 털어놓듯이 말했다.

"난 수선화랑 분홍색 스위트피, 그리고 진홍색 장미를 좋아해."

니나는 두 눈을 반짝이며 말을 계속했다.

"아, 그렇듯 많은 것을 다……. 그리고 이 끔찍하도록 저주스러운 생을 말이야."

니나는 깡통에 물을 채웠다.

"니나, 이젠 네가 왜 떠나는지, 런던에서는 뭘 할 건지 말해 봐."

니나는 뜨거운 커피를 단숨에 마신 다음 말했다.

"이리 와 봐. 보여 줄 게 있어."

우리는 옆방으로 갔다. 거기에도 역시 궤짝이 놓여 있었다.

"책이랑 잡동사니들이야. 이걸 스웨덴으로 가져갈 수 있을까? 언니가 좀 보관해 주면 좋겠는데……."

"그건 어렵지 않아. 그런데 이 트렁크도 말이니?"

"그래. 그리고 이건 열쇠인데, 만약 내가 돌아오지 않으면……."

"니나!"

"그럴 수도 있잖아. 앞일을 누가 알겠어? 내가 돌아오지 않을 경우에 이걸 전부 우리 애들에게 전해 줘."

나는 질색을 하면서 물었다.

"그럼, 아이들은 안 데리고 갈 거니?"

"응."

니나는 차갑게 말했다.

"그 애들을 데리고 가서 뭘 어쩌겠어? 어차피 기숙사에서 잘 지내고 있는걸."

니나는 아무 억양 없는 목소리로 말했다. 나는 니나의 어깨를 잡고 흔들었다.

"대체 무슨 일이니? 제발 이야기를 좀 해 봐."

니나는 내 팔을 뿌리치고는 가방에서 메모지 하나를 꺼냈다.

"여기 적힌 게 내 주소야."

그 곳은 버크셔에 있는 고장이었다.

"거기서 뭘 할 작정이니?"

니나는 어깨를 으쓱했다.

"아직은 잘 몰라. 우선 어떤 노부부를 돌볼 예정이야. 외무성의 서기 관을 지낸 사람인데, 전부터 아는 사람들이지. 그래, 그건 시작일 뿐이야. 어떻게 해서든 여길 떠나야만 하니까."

빛바랜 기록들

그 때 초인종이 울렸다.
"우체부일 거야."
밖으로 나간 니나는 소포 위에 한 뭉치의 편지를 얹어 가지고 돌아왔다. 그리고는 우편물을 아무렇게나 바닥에 내려놓았다.
"읽어 보지 그러니?"
"별거 없을 거야. 아침마다 반복되는 일인걸, 뭐."
"그래. 하지만 니나, 넌 아무 이유도 없이 날 여기까지 오게 한 것은 아니겠지?"
"모르겠어, 나도. 아마 빈집에 혼자 있기 싫어서 그랬을 거야."
니나는 담담하게 말했으나, 그 말 속에는 불안과 공포, 절망이 숨겨져 있었다.
"대체 너에게 누가 무슨 짓을 한 거니?"
니나는 고개를 가로저었다.
"아무것도 아냐. 난 단지 이 곳에 더 있을 수가 없어. 왜냐하면……."
니나는 잠시 말문이 막힌 듯하더니 이내 재빠르게 말했다.
"난 내 생활을 바꿔야만 하니까."
어떻게 하면 니나가 자신의 이야기를 털어놓을 수 있을까? 니나는 모든 이야기를 하려고 하는 듯하다가 곧 포기해 버렸다.
"나, 위스키 한 잔 줄래?"
니나는 아무 말 없이 위스키를 따라 주었다.
"언니에게 와 달라고 한 건 어리석었어. 언니가 온다고 해서 달라지는 것도 아닌데. 하지만……. 어쨌든 와 줘서 고마워."

니나는 그 말을 하면서 얼굴을 붉혔다. 그런 다음 나를 외면한 채 말했다.

"내가 왜 떠나는지 언니에게 말하고 싶었어. 누구든 한 사람은 그걸 알아야만 하니까. 그리고 만일 내가 돌아오지 못한다면……."

"니나! 어떻게 그런 소릴……."

순간 니나는 내 입술에 손을 갖다 댔다. 뜨겁고도 건조한 손이었다.

"그 누군가는, 나를 이렇게 몰아낸 것이 나쁜 것이 아니었다는 걸 알아야만 하니까. 난 단지 어떤 사람을 더 이상 방해하고 싶지 않아서 떠나는 것뿐이야."

니나는 짧고 거칠게 한숨을 내쉬었다.

"그렇지만 니나, 나는 그 정도로는 알아듣지 못하겠구나."

"모르겠다고? 내가 언니에게 모든 걸 다 이야기했는데도!"

니나는 방바닥에 놓인 편지를 발로 걷어찼다.

"아, 이런 것들도 이젠 지긋지긋해."

그러자 소포 위에 적힌 발송인의 주소가 드러났다. 니나와 나는 동시에 그것을 바라보았다. 니나는 갑자기 궤짝 위에서 벌떡 일어섰다. 순간 얼굴이 잿빛으로 변했다.

"맙소사! 이건 있을 수 없는 일이야. 이 사람은 이미 죽었는데……."

니나는 소포 위로 몸을 구부렸다. 그리고는 그것을 뚫어지게 쳐다보았다. 나는 무엇이 니나를 그렇게 흥분시켰는지 알 수 없었다.

"뭐가 들었는지 한번 뜯어볼까?"

나는 무슨 말이든 해야겠기에 이렇게 물었다.

"그래. 하지만 난 알고 싶지도 않아."

니나는 거칠게 내뱉었다.

"나는 단 한 순간도 그 글씨를 참을 수가 없었어."

니나가 옆방으로 가서 설거지를 하는 동안, 나는 궤짝 위에 앉아서 소포의 끈을 풀었다. 노끈이 끊어지면서 내용물이 바닥에 떨어졌다.

상자 안에 무엇인가를 잔뜩 쓴 종이들이 어떤 것은 묶인 채로, 어떤 것은 풀린 채로 들어 있었다. 편지 뭉치였다. 나는 그 중 한 장을 집어 들었다.

"니나!"

나는 옆방을 향하여 소리쳤다.

"너한테 온 편지들이야."

니나는 여전히 무관심하게 대꾸했다.

"읽어 봐. 중요한 게 있으면 얘기해 주든지……."

니나는 설거지를 끝낸 뒤, 궤짝에다 못을 박기 시작했다. 망치 소리가 크게 울렸다.

내가 처음 집어든 편지는 타이프라이터로 친 것이었다. 거친 활자와 문장투가 왠지 낯익은 느낌이었다. 그 편지는 다음과 같은 불완전한 문장으로 시작되었다.

······. 그 아이는 아주 방종하고 인정이 없답니다. 제 어머니를 감상적인 인간이라고 모욕하고, 내 성격이 단호한 것은 발전 능력이 부족해서라고 말할 만큼 당돌한 아이지요.

우리는 그 애를 잘 교육시켰습니다. 그 아이가 그렇게 된 것은 분명 다른 사람의 영향을 받았기 때문이에요.

박사님, 그 애는 당신에게서 정신적으로 큰 자극을 받았다고 주장하고 있어요. 그러나 그것이 부모를 매도하는 형태로 나타난다면, 우리는 그것을 받아들일 수가 없어요. 제 딸이 더 이상 댁에 드나들지 못하게 하려는 제 뜻을 이해하시기 바랍니다.

거기서 페이지는 끝나 있었다. 나는 화가 나서 소리쳤다.
"니나!"
망치를 든 니나는 몇 개의 못을 입에 물고 나타났다. 나는 편지의 내용을 그 애에게 들려주었다.
"이미 다 지나간 얘기인 걸, 뭐. 게다가 그건 아버지의 이해를 넘어서는 일이었으니까."
니나는 일을 계속하면서 덧붙였다.
"모든 게 다 그래. 난 이제 뭔가를 이해해야겠다는 생각은 포기했어."
니나와 그런 문제로 논쟁한다는 것은 무의미한 일이었다. 나는 두 번째 편지를 읽기 시작했다. 1930년 6월 29일자로 된 글이었다.

존경하는 슈타인 박사님.
저를 부디 나쁘게 생각지 말아 주십시오. 저는 이 지나친 풍요와 포만 상태를 견딜 수가 없습니다. 가끔 제 자신이 무가치하다고 여겨질 정도로 공허함을 느낀답니다. 저는 모든 사물이 잠든 새벽에 잠을 깨곤 해요. 그럴 때마다 목을 조이는 듯한 불안한 생각을 하게 됩니다. 살아가는 일에 대한 불안감 말이지요.
그럴 때면 신에 대한 생각마저도 저에게는 아무런 도움이 되질 않습니다. 저는 완전히 홀로 남게 되는 것이지요. 가장 심한 고비를 넘기게 되면 저는 한 가지 해답을 얻게 되는데, 그것은 제가 인생에서 아무런 일도 해내지 못하리라는 불안감, 즉 제 인생이 아무렇게나 흘러가 버리고 말 것이라는 사실입니다.
하지만 가끔씩 마음속에 있는 무엇인가가 제게 말을 걸어온답니다. 너는 그것을 해낼 수 있을 것이라고 말입니다. 그런 다음 저는 다시 영원히 실패할 것에 대한 불안감에 시달리지요.

그런데도 저를 미치게 하는 것은 제가 이런 상태를 무척 사랑하고 있다는 것입니다. 그리고 그런 발작 상태가 최극단의 한계선까지 도달하지 않으면 저는 환멸을 느끼게 됩니다.

당분간 저는 선생님께 가지 않겠습니다. 더 이상 선생님을 불편하게 만들고 싶지 않으니까요.

당신의 N

나는 그 편지를 들고 옆방으로 갔다.

"망치질 좀 그만해."

나는 조금 전의 대목을 읽어 주며 니나에게 물었다.

"누가 쓴 거니?"

"내가 썼을 거야. 지금도 난 그런 말을 할 수 있을 것 같아."

"그래, 넌 열아홉 살에 이런 생각을 했구나. 계속 더 읽어 볼까?"

"다 지나간 일이야. 그런데 그 사람이 쓴 편지는 한 통도 없어? 소포를 보낸 사람 말이야. 뭔가 설명 같은 것이 있을 텐데……."

나는 봉투 속에 든 편지를 꺼냈다. 니나는 거부하는 듯한 몸짓으로 그것을 받아들었다. 나는 다시 소포가 있는 곳으로 가서 다른 것을 뒤지기 시작했다. 그것은 손으로 쓴 굉장히 많은 종이 뭉치였는데, 어떤 것은 너무 오래 돼서 누렇게 바랜 것도 있었다. 니나가 쓴 편지도 끼어 있었다. 날짜가 적힌 걸로 보아 일종의 일기인 것 같았다.

나는 아무 데나 펼쳐서 읽기 시작했다. 1938년 11월 8일의 일기였다.

……. 오늘 저녁에도 헬레네는 나를 위해 파티를 열어 주었다. 헬레네

는 파티를 아주 싫어했으면서도 감탄할 정도의 손님 접대 솜씨를 보여 주곤 했다. 헬레네의 배려에 감탄했지만, 파티에 참석하는 일은 늘 어색하고 불편했다.

어제의 사건 뒤에도 손님들이 참석할 것인지는 불투명했다. 다행히 그들은 다 와 주었다. 대부분 흥분해 있거나 아주 심란한 표정들이었다. 창 너머 앙상한 나뭇가지 사이로 불타 버린 유대인의 교회와 약탈당한 상점들의 잔해가 보였다.

우리는 온종일 산산조각이 난 쇼윈도의 유리 조각들을 밟고 다녔다. 가장 화가 나 있는 사람은 마이트 부인이었다. 마이트 부인은 전국민을 향해 분통을 터뜨렸다. 대화가 중간중간 어색하게 끊겼고, 그럴 때마다 헬레네는 재빨리 화제를 돌렸다. 이날 저녁, 우리는 취하도록 마셨다.

밤 열 시경 공연을 마친 알렉산더가 돌아왔을 때, 우리는 평소보다 더 명랑한, 그러나 어딘지 모르게 들뜬 분위기 속에 있었다. 알렉산더는 우리를 의심에 찬 눈으로 보았지만, 나와 헬레네 외에는 아무도 그것을 알아채지 못했다. 그는 헬레네가 준 샌드위치를 잠자코 먹고 있었다. 포도주 두 잔을 마신 그는 침통한 기분이 좀 가시는 듯했으나, 늘 하던 버릇대로 방 안을 오락가락 거닐었다.

내 책상 위에는 니나의 글이 실린 《룬트샤우》 지가 놓여 있었다.

근래에 와서 알렉산더는 거의 광적인 호기심에 사로잡혀 모든 책과 잡지, 신문 따위를 닥치는 대로 읽는 버릇이 생겼다. 알렉산더는 잡지를 기계적으로 펼쳐서 뒤적거리기 시작했다. 갑자기 그는 비밀스러운 일을 하는 사람처럼 그 잡지를 들고 창가로 갔다. 그러더니 아주 집요한 태도로 잡지를 읽기 시작하는 것이었다. 그의 그런 태도에 나는 조바심이 났다. 빌 부인이 뭘 그리 열심히 읽느냐고 묻자, 그는 건성으로 소설이라고만 대답했다.

마이트가 그의 어깨 너머로 기웃거리자 알렉산더는 잡지를 확 잡아채면서 말했다.

"자넨 나중에 읽을 수 있지 않은가?"

마이트는 식탁으로 돌아오면서 이렇게 말했다.

"저 친구, 니나 부슈만의 글을 읽고 있군."

"부슈만이라고요? 그 여자, 신인이긴 하지만 대단해요. 처녀작을 읽었는데, 아주 훌륭하더군요."

빌 부인의 말에 헬름바흐가 전에 없던 생기를 띠면서 말했다.

"난 그 여자를 개인적으로 잘 알아요. 내 소송 의뢰인이었어요."

그러자 마이트 부인이 남편을 팔꿈치로 쿡 찌르면서 말했다.

"여보, 그 여자라면 우리도 만난 적이 있잖아요. 언젠가 한 번 피아니스트라는 남자와 함께 우리 집에 왔었지요. 그 여자는 뭐랄까, 아주 자유분방한 삶을 살고 있었어요."

"그랬는지도 모르지. 어쨌든 아주 총명한 여자라는 것은 사실이야."

"그렇지만 좀더 신중했으면 좋을 텐데. 그 여자한테는 다른 사람을 불안하게 만드는, 말하자면 도발적인 데가 있어요."

나는 자신의 생각을 정당화시키려는 마이트 부인의 태도에 화가 났다. 그러자 헬레네가 불안한 눈빛으로 나를 쳐다보았다.

"그 여자가 도대체 어떻게 도발적이란 말이지요?"

빌 부인이 마이트 부인에게 무뚝뚝하게 물었다.

"글쎄요, 그 여자는 그다지 예의바르지 못해요. 누구한테나 거침없이 불쾌한 말을 할 수 있는 사람이지요. 게다가 아주 직선적이에요."

"그게 단점이 된단 말인가?"

마이트의 질문에 부인은 아무런 대답도 하지 못했다. 포도주 때문에 흥분된 마이트는 조롱하듯 이렇게 말했다.

"좀 솔직해지지 그래? 그 여자가 아무 데서나 잠을 잔다고 말이야."

마이트는 아내의 팔에 손을 얹고 말했다.

"당신은 아무 위험도 무릅쓰지 않는 사람이 좋은 글을 쓸 수 있다고 생각해? 그렇게 혼자만 도덕적인 체하지 마."

그는 이번에는 나를 향해서 물었다.

"당신은 그 여자를 아십니까?"

"아니오."

나는 내 목소리가 불안정한 것을 느끼며 다시 한 번 '아니오'란 말을 되풀이해야만 했다.

"한번 사귀어 보세요. 제 생각에 그 여자는 인간이 가식 없이도 살아 갈 수 있다는 것을 보여 주는 인물입니다. 흥미로운 만큼 까다롭지요. 어디를 가나 구설수에 오르내리고, 늘 극단에 서 있는 여자니까요."

그 때 헬레네가 내게 큰 소리로 말했다.

"지하실에서 술 한 병만 더 갖다 주세요."

나는 계단을 내려가면서 현기증을 느꼈다.

지하실의 차가운 기운이 오히려 기분 좋게 느껴졌다. 나는 벽에다 이마를 댔다. 존경의 뜻이건, 질투의 뜻이건 나는 사람들이 니나에 대해 지껄이는 것을 참을 수가 없었다. 그녀가 그런 식으로 관찰의 대상이 된다는 것 자체에 나는 구역질이 났다. 니나가 내 아내가 되기를 거절하지 않았다면, 그 여자의 인생은 얼마나 달라졌을까? 그런 생각을 하자 심한 고통이 엄습해 왔다.

나는 불을 끄고 궤짝 위에 걸터앉았다. 깊은 어둠이 몰려들었다. 최근에 나는 내가 무엇 때문에 살아가는지를 얼마나 자문해 왔던가? 나는 삶에 대해서 아무런 즐거움도 느끼지 못하고 있으며, 그런 삶을 계속할 어떤 이유도 느끼지 못하고 있었다. 나는 적막 가운데 놓여 있으며, 허무와 무관심이 내 삶을 가득 채우고 있다.

나는 성공도 했고 얼마간의 재산도 있다. 또 사람들의 존경도 받고 있다. 그러나 그 모든 것이 내게는 아무런 의미가 없다. 만약 니나가 나와 함께 산다면 달라질까? 내가 두려워하는 것은 니나와 몇 번이나 이룰 수 있었던 그 기적——나로 하여금 인생은 살 만한 가치가 있다고 믿게 한——이 다시는 일어나지 못하리라는 것이다. 언젠가 내가 삶이 무의미하다고 말했을 때, 니나가 했던 말을 지금도 기억한다.

"제 생각엔 삶의 의미를 묻는 사람은 결코 그것을 알 수 없고, 오히려 아무것도 묻지 않는 사람만이 그 해답을 알고 있는 것 같아요."

니나는 고양이를 데리고 놀면서 지나가는 말처럼 그 말을 했다. 그 무렵, 니나는 아주 불행했었다. 두 번째 아이를 임신한 그녀가 자살을 시도한 것을 내가 구해 낸 즈음의 일이었다.

니나는 스스로 생명을 내던졌음에도, 그 생명을 받아들이게 된 순간 다시 삶의 의미를 믿었다. 얼굴은 아직도 창백한 빛이 역력하면서도 나에게 이렇게 말했다.

"의식을 잃기 시작한 그 순간만큼 강렬하게 삶을 느낀 적도 없었어요. 그렇게 끔찍하게 삶에 열중했던 적은요."

내게는 어째서 니나와 같은 그런 힘이 주어지지 않는 것일까? 왜 살아 보지도 않고 어두운 지하실에서 부드러운 종말만을 기다리고 있는 것일까?

다시 불을 켠 나는 술병 두 개를 집어 들었다. 내가 다시 위로 올라오자, 알렉산더의 흥분한 목소리가 들려왔다. 앞부분을 듣지 못한 나는 알렉산더가 누구 얘기를 하고 있는지 알 수 없었다.

"……. 그 여자는 패거리 가운데 뛰어들어서는 그 아이를 빼앗고 욕을 퍼부었지요. 패거리들이 어이없어하는 사이, 그 여자는 아이를 데리고 사라져 버렸어요. 그제서야 정신을 차린 놈들이 그 여자를 뒤쫓아갔고, 그 중의 한 놈은 총을 쏘았어요. 그 여자는 어떤 집 안으로 사라져 버렸어요. 놈들이 뒤따라갔지만, 집 안 어디에도 여자는 없었어요. 그런데 자정쯤 되자 그 여자가 팔에 아이를 안고 우리 집에 나타난 거예요. 그 여자는 완전히 지쳐 있었어요. 여자는 잠든 아이를 제 침대 위에 내려놓았어요. 그 아이는 뢰벤슈타인 거리의 다섯 살된 꼬마였어요. 아이의 부모는 끌려갔고, 그 여자가 구해 내지 않았다면 아이는 죽었을 거예요. 여자는 의자에 앉은 채 잠들었는데 곧 깨어났어요. 우리는 아이를 어떻게 할 것인지에 대해 의논했어요. 그 때 그 여자가 말하더군요. '아이의 머리를 금발로 물들이겠어요. 그런 다음 제가 키우겠어요.' 그 여자는 아이를 데리고 집으로 돌아갔어요. 저는 누가 그 아이를 찾아낼까 몹시 두려워요."

모두들 잠자코 알렉산더의 말을 듣고 있었다. 그러자 빌 부인이 목소리를 낮추어 내게 말했다.

"니나 부슈만이 뢰벤슈타인의 아이를 구해 낸 이야기를 하고 있었어요."

나는 몸에서 식은땀이 흐르는 것을 느꼈다.

헬레네가 내게 말을 걸었다.

"술 좀 부어 줄래요?"

그러나 내 손이 떨리는 것을 보고는 자기 손으로 술을 따랐다. 파티 분위기는 이미 깨진 후였다. 얼마 후, 손님들도 모두 돌아갔다.

나는 환기를 시키기 위해 창문을 열다가, 누군가가 모자를 푹 눌러쓰고 서서 유리 조각을 짓이기고 있는 것을 봤다. 알렉산더였다. 나는 얼른 창가에서 물러났다. 잠시 후, 초인종 소리가 들렸다.

"알렉산더일 거야."

나는 헬레네에게 말하고 문 쪽으로 달려갔다.

"이 친구, 또 뭔가 잊은 게로군."

헬레네가 물러가자, 나는 그를 안으로 들어오게 했다. 그는 모자를 벽걸이에다 내던지다시피 하고, 앞장서서 방으로 들어갔다. 그는 창문을 닫고 안락의자에 몸을 묻었다. 극도의 절망 상태에 빠져 있음을 나타내는 몸짓이었다. 나는 그를 내버려두고, 담배를 말았다.

"자넨 아마 나를 바보로 생각할 거야. 하지만 나 혼자서는 이 문제를 해결할 수가 없어."

나는 조심스럽게 물었다.

"극장에 무슨 문제라도 생겼나?"

"아닐세."

"그럼, 자네 부인이 유대 인이기라도 한 거야?"

그는 답답한 듯이 고개를 저었다.

"그런 정치적인 이야기가 아냐. 자네가 어떻게 생각할지 모르겠지만, 바보같이 여자 이야기라네."

그 순간, 나는 그것이 니나 얘기라는 것을 깨달았다. 견딜 수 없는 반감이 나를 사로잡았다. 나는 냉정하게 말했다.

"고백 같은 것을 늘어놓을 나이는 이미 지난 줄 아네."

그러나 그는 자신의 문제에 사로잡힌 나머지 내 말을 제대로 듣지 못하고 있었다.

그는 내게 절망적인 시선을 던지고는 침울하게 중얼거렸다.

"자네는 이해하지 못할 거야."

다음 순간, 그는 책상을 내리치면서 말했다.

"하지만 자네도 알아야 해. 한 사내가 어느 날 문득 자신의 생을 망쳐버렸다는 걸 알게 되는 게 얼마나 비참한 일인지 말이야."

"그럴 수도 있겠지."

나는 불쾌감을 이기려고 노력하면서 이렇게 물었다.

"무슨 일인지 나한테 말해 주겠나?"

"얘길 하라고? 그건⋯⋯."

그는 절망적인 태도로 대꾸했다.

"그건 말로 할 수 있는 문제가 아니네. 그리고 자네가 그 여자를 모른다면, 아무 소용 없는 일이지. 이게 얼마나 어리석은 일인지 잘 들어보게. 난 약혼자가 있는 여자와 사랑에 빠졌다네. 난 그 여자를 묶어놓고 싶었고, 그 여자는 임신을 하게 됐지. 그런데도 그 약혼자는 여자를 포기하지 않았네. 두 사람이 결혼하자 분노에 사로잡힌 나는 가까이 지내던 직장 동료와 결혼을 했어. 그런데 그 남자가 그 여자를 버린 거야. 결국 그 여자는 내 아이와 함께 남겨지고, 내 아내는 지금 임신 중이네. 물론 전과 다름없이 나는 그녀를 사랑해. 하지만 그 여자는 자기와 아이에 대한 내 감정이 단지 의무감일 뿐이라고 생각한다네. 그래서 내가 아이의 양육비를 주는 것을 거절했네."

얘기를 끝낸 알렉산더가 잠시 나를 쳐다보았다.

"그런데도 난 그 여자를 찾을 생각은 하지 않고 탄식만 하고 있어. 그런데 오늘 저녁 그 여자에 대한 빌어먹을 이야기만 듣게 되다니⋯⋯."

나는 더 이상 알렉산더의 말을 듣고 있지 않았다. 그 때 처음으로 니나의 아이 아버지가 누구인지 알게 되었기 때문이다. 그리고 그게 내 친구라는 사실은 충격 이상의 고통을 안겨 주었다.

나는 알렉산더와의 우정을 영원히 잃을 각오까지 하면서——그는 내가 친구라고 이름 붙일 수 있는 유일한 사람이었다——차갑게 말했다.

"그래, 그런데 그게 나하고 무슨 상관이란 말인가? 내가 어떻게 해주길 바라는 거지?"

"나도 잘 모르겠네. 자네라면 이런 경우 어떻게 해야 할지를 말해 줄 수 있을 거라 생각했어."

"알렉산더, 제발 나에게 아무것도 묻지 말아 주게. 나는 자네를 도와줄 수가 없어. 어젯밤에 우리가 겪은 끔찍한 사건에 비한다면, 자네의 연애 이야기는 그다지 중요한 것이 못 돼. 사람이 어떻게 자기 삶에서 그처럼 많은 자리를 한 여자에게 내어줄 수 있단 말인가?"

그는 어깨를 움츠린 채 우수에 젖어 말했다.

"자네 말이 옳지만, 한편으론 그르다네. 하긴 자네한텐 이 모든 것이 우습게 여겨질 것이라는 사실을 깨달아야 했어. 나 스스로도 수천 번이나 더 말해 보았어. 이건 미친 짓이다. 제기랄, 집어치우세."

그는 간신히 몸을 일으켰다. 문 앞에 선 그가 말했다.

"자네가 비웃어도 상관없어. 중요하다고 해도 좋고, 중요하지 않다고 해도 좋아. 하지만 난 자네가 언제나 초연한 척하는 것을 보면……."

"자네에게는 내가 인생의 적대자로 보인단 말이지?"

비꼬는 나의 말투가 그를 당황하게 만들었다. 서로의 시선이 교차하는 가운데 우리는 남자들 사이의 줄기차고 피곤한 적대감을 맛보고 있었다.

"그래, 언제나 똑같은 넋두리뿐이지. 결국 우리에게 남는 것은 고독뿐이야. 하지만 자네도 그 여자를 알게 되면……. 아냐, 그 얘기는 그만두세."

그는 벽걸이에서 모자를 집어 들었다.

"자네, 그 여자를 한번 만나 보겠나?"

"아닐세."

나는 마지막 힘을 다해서 말했다. 그 순간 혼자 있고 싶다는 강렬한 욕망이 몰려왔다. 그는 어깨를 으쓱해 보이고는 나가 버렸다. 나는 창문

밖으로 물끄러미 그의 뒷모습을 바라보았다. 그는 두 손을 주머니에 찌르고 모든 것이 파괴된 어수선한 거리를 어슬렁거리며 걸어갔다. 나는 온몸이 땀에 젖어 있었고, 머릿속도 뒤죽박죽이었다. 위장 부근의 통증이 전보다 심하게 느껴졌다.

이어서 1938년 2월 20일자의 메모가 덧붙여져 있었다. 거기까지 읽었을 때, 니나가 문앞에 나타났다. 그 애는 내가 준 편지를 손에 쥐고 있었다.

"이게 바로 그 설명이야."

그 애는 무표정하게 말했다.

"읽어 봐."

1947년 9월 7일에서 8일 사이의 밤에

사랑하는 니나, 당신은 이 날짜를 눈여겨보지 않았을 것이오. 오늘은 우리가 만난 지 18년째가 되는 날이오. 이제 우리의 우정은 지상에서는 더 이상 지속되기가 어려울 것 같소.

　나는 암에 걸렸소. 그래서 나는 이 병이 고통이라는 무기로 나를 쓰러뜨리기 전에, 스스로 목숨을 끊을 수 있는 자유를 선택하려고 하오. 당신은 그것을 이해하고 존중해 줄 것이라 믿고 있소.

　나는 지난 18년 동안 당신에 관한 모든 자료를 기록하고 수집했소. 헬레네에게 이 소포를 당신의 서른여덟 번째 생일날 보내 달라고 부탁해 두었소. 그 때쯤이면 당신은 이것 때문에 더 이상 혼란을 일으키지 않게 되겠지. 죽은 뒤에도 생의 빚을 갚을 수 있다면 난 그렇게 하겠소. 내가 살면서 지은 죄가 있다면 그것은 결단을 회피했다는 거요. 그것은 비겁함에서 기인한 것이 아니라, 나의 나약함 때문이었겠지. 하지만 소박한 박력을 우울한 지식 속에 파묻고 사는 남자가 어찌 자신에게 결단을 강요할 수가 있었겠소? 죽음과 얼굴을 마주한 지금도 나는 그 답을 모르겠소.

　나는 기꺼이 이 지상을 떠나오. 아니, 이미 오래 전에 그 곳을 떠났소. 그런데도 다시는 당신을 보지 못하리라는 생각을 하면 슬픔을 느끼게 되오. 오늘 새벽, 나는 내 인생에서 최초로 결단을 내리려고 하오. 하지만 제대로 살아 보지도 못하고 죽는다는 것이 얼마나 어려운 일인지…….

　니나, 그럼 잘 있어요.

　편지를 다 읽고 나서 나는 니나를 똑바로 쳐다볼 수가 없었다. 니나가 울지 않을까 겁이 났다. 그러나 그 애는 어두운 표정으로 방바닥만 내려다보고 있었다.

"뭐라고 적혀 있어?"

"그냥, 일기야."

나는 망설였으나 계속해서 말해 버렸다.

"네 아이의 아버지와 이야기를 나눈 날 쓴 글이야."

"읽을 만해?"

니나는 대답을 기다리지도 않고 짐이 있는 곳으로 돌아갔다. 그러더니 홱 돌아서서 내 옆에 있는 궤짝에 걸터앉았다.

"마르그레트 언니."

그 애가 불쑥 물었다.

"언니가 결혼할 때, 형부는 이미 결혼한 적이 있는 사람이었지?"

"그래. 그는 이혼한 상태였지."

"왜? 언니 때문에?"

"꼭 그렇게 말할 수는 없어. 그들 부부의 결혼 생활은 불행했으니까."

"그가 그렇게 말했어?"

"누구나 다 알고 있는 사실이었어. 우리가 타인의 결혼 생활을 들여다볼 수 있는 한도 내에서는."

"그랬겠지."

니나는 고개를 끄덕였다. 우수에 차서, 또는 만족한 듯이 말이다.

"그 사람은 이혼할 때, 괴로워하지 않았어?"

니나는 고집스럽게 물었다.

"그렇기도 하고, 안 그렇기도 했겠지. 그는 자기 아이를 끔찍하게 사랑했고, 부인에게도 나름대로 애착이 있었어. 하지만 그는 그 모든 걸 해결했어."

니나는 다음 순간 재빨리 물었다.

"두 사람 다 행복해?"

"행복이라고? 우린 아주 평화롭게 살고 있어. 서로 공통된 취미를 가지고 있고, 함께 잡지를 만들고 있지. 어린애는 없지만 아주 만족해. 우리에게는 아름다운 집이 있고, 멋진 자동차와 잘생긴 셰퍼드가 있지. 더 바랄 게 뭐가 있겠어?"

"언니, 언니는 사랑이 뭔지 알아?"

뜻밖의 질문이었다. 나는 대답을 회피하려고 했다.

"니나, 너도 알다시피 난 지금 마흔아홉이야. 적어도 내 나이가 되면 많은 것을 겪게 되지. 사랑에 대한 기억이라면 많은 눈물, 끝없는 오해들, 말다툼, 화해, 기다림, 그리고 몇몇 아름다웠던 밤들, 그게 다야. 내게서 사랑은 언제나 기다림과 연결되어 있었지. 편지나 기차를 기다리고, 그 사람의 최종적인 결단을 기다리고. 처음에는 독일에서, 다음에는 스웨덴에서 말이야. 그래, 그건 기다림 외엔 아무것도 아니었어. 결혼하고 나서는 더 이상 기다릴 필요가 없어졌지."

"그 후로 언니는 행복했어?"

"그럼, 난 정말 행복했다."

"정말?"

니나의 질문은 나를 난처하게 만들었다. 나는 결혼 후 처음 몇 년을 제외하고는 한 번도 그런 문제에 대해 진지하게 생각해 본 적이 없다는 것을 떠올렸다. 물론 이게 진정한 행복인가 하고 스스로 물어 본 적은 있었다. 하지만 나 스스로 생에 대해 지나친 바람을 갖고 있지 않았기 때문에 늘 행복하다는 생각과 타협을 보았던 것 같다.

"그럼, 언니는 사랑이 뭔지 안단 말이야?"

니나는 다그쳐 물었다.

"그래."

하고 대답하면서도 나는 불안한 심정이었다.

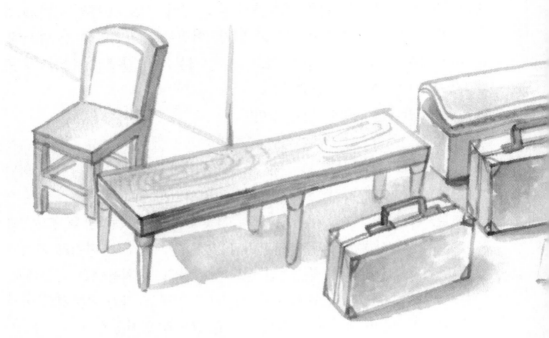

"사랑이란 어떤 사람에게 전적으로 속해 있다는 감정이지."

"그럼, 사랑과 열정의 차이는 뭘까?"

니나는 의심에 가득 찬 눈빛으로 말했다.

나는 열정이란 쉽게 사라지는 것이지만, 사랑이란 영원한 것이라고 말하고 싶었다. 그러나 니나의 두 눈을 보니 그 대답이 좀 진부한 것 같다는 생각이 들었다.

"내 생각에 그걸 분명하게 아는 사람은 드물 거야."

"그건 그래. 이 사람은——슈타인이라는 사람 말이야——나를 사랑했어. 그것도 십칠 년 동안이나. 그는 끊임없이 나를 관찰하고 방해했어. 그것은 자기 자신마저도 방해했지만, 그 사랑이 없었다면 그는 고갈되었을 거야. 그는 자신의 활력을 유지하기 위해서라도 사랑이 필요한 사람이었어. 그 사람은 나로부터 모든 모욕과 조소를 견뎌냈어.

결국은 나를 단념했지만……."

"그 사람은 너희 두 사람이 합쳐질 수 없다고 느꼈겠지."

니나는 어두운 표정으로 대꾸했다.

"그래, 그 사람은 그것을 잘 알고 있었어. 그런데도 나를 차지하려는 생각을 버리지 못했어. 그리고 일이 다 되었을 순간에 그는 포기하고 말았어."

나는 망설이듯 물었다.

"그럼 너는?"

니나는 어깨를 으쓱해 보였을 뿐이다. 잠시 후에 니나가 침묵을 깼다.

"난 지금껏 진실로 사랑해 본 적이 없어. 단 한 번도 어떤 남자 때문에 정말로 불행해 본 적이 없단 말이야. 그래서 난 사랑한다는 것이 무엇인지 전혀 알지 못해. 하지만 이젠 그걸 알아."

니나는 낮은 목소리로 말을 이었다.

"그건 끔찍한 거야."

니나는 일어서서 방 안을 왔다갔다했다. 그렇게 걷고 있는 니나는 차라리 온화해 보였고, 어디에서도 어두운 그림자는 찾아볼 수 없었다. 니나의 내면에는 너무 많은 것들이 들어 있었고, 나는 그 애를 거의 모르고 있었다.

"니나, 넌 이 글들을 읽어 볼 생각이 없니?"

"아! 난 이미 다 알고 있어. 게다가 난 그 사람의 글을 참아낼 수가 없어."

그러면서도 니나는 궤짝 위에 나란히 앉았다.

"맨 처음 것을 읽어 봐. 그래도 그건 참을 수 있을지도 모르니까."

"1929년 9월 8일로 시작되고 있어."

"그렇게 일찍? 아, 그래, 그 무렵에 그는 의사였어. 참, 언니는 그 사람을 잘 모르지? 슈타인 박사는 스켈 가에서 개업을 했다가 뒤에 대학 교수가 됐어."

"어떻게 생긴 사람이었니? 혹시 생각날지도 모르잖아?"

"키가 크고 깡마른 사람이었어. 자, 이제 읽어 봐."

고독한 사랑의 시작

1929년 9월 15일

새로운 여자 환자가 한 명 생겼다. 이 여자는 골칫덩어리이다. 자신은 짐작도 못하겠지만, 거북할 정도로 나를 귀찮게 하고 있다.

일주일 전에 내 진료실로 찾아온 그녀는 구석에 웅크리고 앉아 있었다. 나는 처음에 그 여자가 발육이 더딘 어린 소녀인 줄 알았다. 그 여자는 한 번도 고개를 들고 나를 쳐다보지 않았다.

그러나 그 여자가 방 안에 들어섰을 때, 내 속에서는 무언가 큰 변화가 생기기 시작했다. 나는 그 여자를 쳐다보았고 그 여자도 나를 쳐다보았다. 창백한 표정의 여자는 두 손으로 허공을 짚었으나 의식을 잃기 직전, 제정신으로 돌아왔다. 그 여자는 쓰러지지 않으려고 안간힘을 쓰고 있는 것이 분명했다. 한 마디 말도 없이 구두 끈을 풀기 시작하던 그 여자는 도와주려는 내 손을 뿌리치고 양말을 벗었다.

"패혈증이에요."

증세가 몹시 나빠 보여 나는 헬레네를 소리쳐 불렀다.

"그 사람 누이동생이야."

니나가 참견을 했다.

"병원 일을 돕고 있었는데, 나를 아주 싫어했어. 그 때 나는 심하게 앓았지. 무척 아름다운 가을이었지만, 난 두 달 내내 누워 있어야만 했어. 언니, 수술에 대한 기록은 빼고 읽어 봐. 지루하니까."

"네가 누워 있던 광경과 그 사람이 너를 쳐다본 얘기를 쓰고 있구나."

"읽어 봐. 그 사람이 나를 사랑하기 시작했는지 알고 싶어."

그 여자는 두 눈을 감고 누워 있었다. 지금까지 환자가 날 유혹에 빠뜨린 일은 없었다. 슬라브적인 얼굴에 깡마르고 고동색 피부를 가진 여자. 그 여자는 또래의 처녀들이 가진 우아한 멋도 없었으며, 젖은 듯 헝클어진 머리카락을 가지고 있었다.

그런데도 그 여자는 내 마음을 흔들어 놓았다. 마치 들판의 바람에 휘날려 온 풀씨처럼 그 여자는 깡마른 몸으로 누워 있었다.

나는 헬레네에게 차를 준비하라고 시켰다.

내가 다시 진찰실로 돌아갔을 때, 그 여자는 몸을 일으키려고 했으나, 곧 정신을 잃고 말았다. 여자는 가벼웠다. 고열로 인해 온몸이 뜨거웠고, 땀내가 코를 찔렀으며, 결코 아름답지도 않았다.

　그 여자를 안고 차로 가는데, 꼭 침대로 안고 가는 듯한 기분이 들었다. 예민하고 질투심이 강한 헬레네가 물었다.

　"언제부터 오빠가 환자를 직접 차로 데려갔죠?"

　헬레네가 내게서 대답을 듣지 못한 것은 그 때가 처음이다.

　니나가 갑자기 읽는 것을 중단시켰다.

　"나에 대한 묘사가 너무 심하군! 그렇게까지 흉한 꼴은 아니었는데……. 그런데 내가 왜 이 얘기를 듣고 있는지 모르겠어."

　"니나, 이 대목은 흥미로울 것 같구나. 그 사람은 네가 어쩌면 죽게 될지도 모른다는 얘기를 했다고 썼어."

　니나는 갑자기 생기를 띠면서 말했다.

　"그래, 그걸 읽어 줘. 사랑보다는 죽음이 더 흥미 있는 일이니까."

　"니나! 넌 죽고 싶니?"

　나는 니나의 대답이 두려웠지만, 가볍게 물었다.

　"지금은 아냐. 한 번 그럴 뻔한 적은 있었지만……. 하지만 절망했다고 해서 목숨을 끊는 것은 나쁜 일이야. 그러나 언젠가는……."

　니나는 말문이 막히는지 재빨리 나를 쳐다보았다. 얘기를 할까 말까 망설이는 것 같았다. 그러나 그 애는 아주 짧게 덧붙였을 뿐이다.

　"가장 행복할 때만 죽어도 좋아. 하지만 그것 역시 비겁한 짓이지."

　그 말을 하는 니나는 인생에 대해 모든 것을 알고 있는 노파처럼 보였다. 니나가 입을 다물었으므로 나는 다시 읽기 시작했다.

　1929년 9월 18일

　매일 N.B를 왕진하러 갔다. 고열에 시달렸지만, 그녀의 정신은 멀쩡했다. 그 여자는 말이 없다. 대신 그 여자의 어머니가 수다를

떤다. 어머니는 자기 딸이 거칠고 냉정하며, 폐쇄적이라고 불평을 늘어놓았다. N은 엄밀히 말해서 그 집안의 구성원은 아니다. 은행원인 아버지는 지나칠 정도로 예의바르지만 좀 비굴하고 의심이 많으며 냉혹한 마음을 감추고 있다. 어머니는 지적이지만, 차가우며 섬세한 면이 없다. 그 집에서는 누구나 발끝으로 걸어야 하고, 모든 사물이 반짝반짝 빛을 낸다. N의 집 공기는 마치 질식할 것처럼 답답하다. 집 안의 모든 것이 편집광적인 질서를 지키려는 부인의 힘에 굴복당하고 있는 것처럼 보인다.

나는 웃지 않을 수 없었다.
"얘, 이건 정말 잘 표현했구나. 그렇지 않니?"
"응, 그래."
니나는 건성으로 대답했다. 그 애는 계단을 올라오는 발소리에 귀를 기울이고 있었다.
"니나, 누굴 기다리고 있니?"
니나는 깜짝 놀라서 대답했다.
"아무것도 아냐. 그저 오래된 습관일 뿐이야."
발소리가 지나간 후에야 비로소 니나의 얼굴에서 긴장이 사라졌다.
"더 읽어 봐. 그 사람과 내가 죽음에 대해 얘기했다는 부분 말이야."

죽음의 유혹

1929년 9월 20일
우리는 마침내 단둘이서 방에 남게 되었다.
"선생님!"

N이 먼저 말을 꺼내며 나를 쳐다보았다.

"선생님이 말씀하시지 않아도 전 알고 있어요. 혈관 폐쇄증을 피할수 없으리라는 것을 말이에요."

그 여자의 목소리는 투명했으며, 두 눈은 고요하게 가라앉아 있었다.

"아닙니다. 뭔가 잘못 생각하고 계신 것 같군요. 물론 정맥염에는 혈관 폐쇄의 위험이 따르기는 하지요. 하지만 충분한 안정을 취한다면곧 회복될 수 있어요."

그러자 여자는 고개를 흔들었다.

"의사들이 직업상 결코 진실을 말하지 않는다는 것을 저는 잘 알고있어요. 하지만 때로는 진실을 말하지 않는 것이 잘못인 경우도 있어요. 제가 죽게 된다면 전 그것을 알고 싶어요. 죽는 것은 아주 중요한일이니까요. 저는 짐승들처럼 죽음을 맞고 싶지는 않아요. 제 눈으로죽음을 똑똑히 보고 싶다고요. 죽음은 아마 굉장할 거예요. 그렇지 않나요?"

나는 내가 지켜 본 수많은 죽음을 떠올려 보았다. 그것은 전혀 굉장한 것이 못 되었다. 그들은 자신들의 생명을 걸레조각처럼 내던진 것같았다. 그러나 나 역시 니나의 죽음은 뭔가 다를 것이라고 확신했다.

"저는 자주 죽음에 대한 꿈을 꾸어요. 한번은 제가 죽는 꿈도 꾸었고요. 공포로 가득 찬 순간이었어요. 온몸이 갈기갈기 찢기는 기분……. 그러나 그 순간이 지나자, 말로 표현할 수 없는 순간이 찾아왔답니다. 저는 점점 가벼워져서 마지막에는 은빛 공처럼 되었어요. 오오, 잠에서 깨어난 아침, 저는 정말 불행하다고 느꼈어요. 왜냐하면 전 무한이라는 것을 알게 되었으니까요. 저는 제가 육체를 가진 인간이라는 사실이 견딜 수 없었어요. 우리가 그토록 동경하는 자유가 있는데도 말이에요."

나는 그녀에게 더 이상 말하지 말 것을 명령했다. 흥분하는 것은 환자에게 좋지 않다고 하자, 그녀가 경멸하는 투로 대꾸했다.

"이제 그런 것은 문제가 안 돼요. 저는 죽고 싶으니까요. 선생님은 이해하지 못하겠지요? 저 역시 인생에는 아름다운 순간이 있다는 것을 잘 알고 있어요. 사랑에 빠졌거나 아이를 낳을 때, 혹은 어떤 진리를 발견하는 순간이 그렇다고들 하지요. 하지만 그 모든 것들은 영원한 것이 아니에요. 저는 그런 습관적인 삶에 안주할 수 없어요. 저는 삶보다도 더 아름다운 것이 있다는 것을 잘 알고 있으니까요. 그러니 선생님은 저를 이해해 주셔야 해요."

니나는 나를 당혹감에 빠뜨렸다. 그녀의 정신적 대담성 때문만은 아니었다. 나는 그녀를 잃게 될지도 모른다는 동물적인 고통을 느꼈다.

"나는 잘 모르겠소. 당신이 죽게 될지 어떨지를……"

그녀는 오랫동안 나를 쳐다보더니, 이렇게 물었다.

"선생님은 사람이 열렬한 소망을 통해서 죽음에 이를 수 있다고 생각하세요?"

그녀는 자기가 나를 얼마나 고문하고 있는지 몰랐다.

"제 생각에 인간은 믿음으로 많은 것을 해낼 수 있다고 생각합니다. 우리가 원하는 것이 진실이라면 말이에요."

"그래요, 그것은 인간의 본질 속에 깃든 필연성이라야만 하지요."

그녀가 소리쳤다.

"하지만 우리는 그것에 대해 알 수가 없어요. 수천 가지의 거짓된 가능성에 몸을 내맡길 때마다 인간들은 신에게 기만당하고 있소."

그녀는 고개를 저으며 말했다.

"아니, 전 그렇지 않아요."

내가 돌아올 때쯤 그녀는 흥분해 있었으나, 죽을 것 같지는 않았다.

죽음에 대한 그녀의 동경은 형이상학적인 호기심에서 비롯한 것이었다. 그것은 그녀의 대담성, 죽음까지도 포함한 그 모든 것을 체험해 보겠다는 욕망에서 나오는 것이었다. 죽음은 그녀 삶의 일부분이었다.

한밤중이다. 잠이 오질 않는다. 그녀가 진짜로 죽는다면? 그런 가능성은 전혀 생각해 보지 않았다. 왜냐하면 그녀가 그렇게도 경멸하는 삶이 스스로를 지켜 줄 것이므로. 자살은 그녀의 세계 바깥에 있다. 하지만 만일 내일 아침, 니나의 어머니로부터 그녀가 죽었다는 소식을 듣는다면 그 때는 어떻게 할 것인가?

새벽녘이다. 나는 방금 집으로 돌아왔다. 다섯 시간 동안이나 니나의 집 건너편 풀숲에 숨어 있었다. 이 도시에서는 체험하지 못한 유리알처럼 투명한 가을밤이었다.

주위는 마치 산 속처럼 고요했으며, 집들은 온통 잿빛이었다. 나는 그렇게 하고 있으면 니나의 생명이 지켜지기라도 할 것처럼 꼼짝도 하지 않고 4층 니나의 방 창문을 올려다보고 있었다.

지금은 여섯 시다. 한 시간이라도 눈을 붙여 보려 했으나, 그것은 불가능할 것 같다. 그 여자는 어쩌면 내가 자기 곁을 떠난 이 시간을 기다리고 있는지도 모른다.

나는 결코 잠들지 않겠다.

다시 생의 한가운데로

"왜 더 읽지 않지?"

두 무릎을 깍지낀 채 꼼짝도 하지 않고 있던 니나가 물었다. 내가 대답하지 않자, 그 애는 태연하게 말했다.

"그 사람이 창문 아래 와 있을 거라고는 생각 못 했어."

니나는 갑자기 열정적으로 이야기를 계속했다.

"정말 멋진 밤이었어. 그는 진통제가 담긴 컵을 머리맡에 갖다 주었지. 하지만 난 정신이 혼미해지는 것이 싫어서 그것을 마시지 않았어. 나는 커튼을 열어 놓은 채 누워 있었어. 하늘이 보였고, 성당의 첨탑도 보였지. 언니도 우리 방 창문에서 내다보던 풍경이 기억날 거야. 열두 시쯤 어머니가 들어오셨지만, 자는 체하고 있었어. 어머니가 기도하는 것을 보니 나를 아주 싫어하지는 않으셨던 모양이야. 그 분은 늘 내가 자신의 인생을 망쳤다고 하셨지. 어쨌든 나는 누워서 죽음을 기다리고 있었어. 처음에는 행복한 기분이었어. 하지만 곧 생이 나한테 무언가를 선물할지도 모른다는 생각이 들었어. 어쩌면 너는 뛰어난 재능이 있어서 유명해질지도 모른다, 또 훌륭한 남자를 만나서…… 인생에 대한 온갖 유혹이 하나씩 내게로 찾아왔지. 언니, 이해할 수 있겠어? 눈부신 아침 햇살을 받은 강과 꽃밭이 보였고, 난 큰 도시의 거리를 걷고 있었어. 부활제인데 나는 굉장히 갖고 싶어했던 투피스를 입고, 보라색과 노란색 튤립을 안고 있었어. 보라색과 노란색이 얼마나 환상적인지 알지? 나는 무대 위에서 케트헨 역할을 했어. 배우가 되는 것은 당시 나의 가장 큰 꿈이었으니까. 담배 피우는 것을 멋의 상징으로 여기기도 하고 말이야. 이렇게 삶은 어리석기 짝이 없는 환상으로 날 유혹했어. 나는 그렇게 누워서 무언가를 기다리고 있었어. 내 기분은 새털처럼 가벼워졌지. 아마 슈타인이 나에게 아편 주사를 놓아 주었는지도 모르겠어. 나는 그것이 죽음의 시작이라고 생각했지. 그런데 날이 점점 밝아지더니 낮이 되었어. 그런데 나는 아직 살아 있었어. 나는 다시 생의 한가운데로 내던져진 거야. 나는 몹시 부끄러웠어. 그리고는 다른 사람들처럼 살아야만 하리라는 것을 깨달았어. 그렇게 생각하자 눈물이 나왔어. 어디선가 가을 낙엽 냄새가 훅 하고 끼쳐 왔지. 참 괴롭고도 이상한 아침이었어. 이윽고 슈타인이 왔는데, 나는 그 사람에게 심술을 부렸지. 병세는 아주 더디게 회복되었어. 그 사이 나는 굉장히 많은 책을 읽었어. 아마 슈타인의 서재에 꽂힌 책의 절반은 읽었을 거야. 덕분에 나는 무섭도록 많은 것을 알게 되었지. 당시의 나에게 산다는 것은 무섭게 많이 안다는 것, 모든 것에 파고드는 것, 그 외에는 아무것도 아니었어."

니나는 우울하게 덧붙였다.

"그 후 어떻게 되었는지는 기억이 안 나. 2학기가 시작되었고, 난 공부를 계속했어. 슈타인을 만날 시간이 전혀 없었지."

노트에도 꽤 긴 공백이 있었다. 다음 기록은 1931년 5월 12일의 것이었다.

니나는 이 도시에 없는 것 같다. 나는 매일 산책하는 버릇이 생겼다. 산책 코스는 언제나 일정하다. 공원을 지나서 대학을 한 바퀴 돌고, 튜르켄 가와 빌헬름 가에 있는 니나의 집 근처까지 갔다가 온다. 가끔 밤에 왕진을 갈 때면 나는 니나의 방에 불이 켜져 있나 보기 위해서 일부러 먼 길을 돌아갔다. 나는 그 동안 여자들에게 오만하게 군 데 대한 대가를 치르는 것 같다. 니나는 자기 때문에 내 생활이 변하게 되었다는 것을 알면 뭐라고 할까?

나는 글 쓰는 일도 중단하고, 병원 일을 마치면 내 방에 틀어박힌다. 헬레네는 그런 나를 방해하지 않는다. 그 애는 내가 공부하고 있는 줄로 안다.

니나의 사진이 한 장 있었으면 좋겠다. 이런 어리석고도 사소한 욕망이 끈질기게 나를 괴롭힌다. 오, 나는 어떤 힘에 사로잡혀 있는 것일까? 니나를 소유하고 싶은 욕망으로 내 이성은 매일 암초에 부딪친다.

간밤에 나는 지난 몇 년 간 내게 일어나지 않았던 일을 잠자는 동안 체험했다. 잠이 깼을 때 나는 수치심으로 얼굴이 뜨거워졌다.

그런데 니나는 도대체 어디에 있단 말인가?

"그래, 넌 어디에 있었니?"

나는 읽다 말고 니나에게 물었다.

"그 때 우리 집은 이사를 갔었어."

니나는 짧게 대꾸했다.

"그래? 그런데 이 글씨 좀 봐라. 아주 혼란스러워 보이는구나. 수신인도 없고 말이야."

당신에게는 이 편지가 뜻밖일 것입니다. 하지만 부디 나를 이해해 주십시오. 나는 당신과 대화를 나누면서 당신의 정신이 나를 앞지르고 있으며, 당신의 마음이 당신에게는 낯선 것을 포용할 수 있을 만큼 넓다는 것을 알았습니다. 처음 만난 순간부터 당신과 저는 서로 결부되어 있었다는 것을 압니다.

당신은 나의 생에 새로운 방향을 설정해 주었고, 저의 본질 속에 내재되어 있던 딱딱한 각질을 녹여 주었습니다. 저에게는 공기처럼 간절하게 당신이 필요합니다. 저는 당신을 만나기 위해 거리를 헤매 다닙니다. 부디 저에게로 와 주시든지, 아니면 단 한 줄이라도 좋으니 소식을 보내 주십시오.

제 목숨은 당신의 손에 달려 있습니다.

당신의 B. 슈타인

"그 사람은 이 편지를 안 보냈어."

니나가 말했다.

"그걸 보냈다면 어떻게 되었을까?"

니나는 어깨를 으쓱해 보였다.

"물론 달라진 건 없었겠지. 그 때 나는 어렸으니까. 그 편지는 나를 당황시켰을 테지만, 그 이상은 아무 일도 없었을 거야. 내가 그에게 갔다면 우린 스탕달이나 루소에 대해 토론했겠지."

"이건 1931년 7월 8일의 일기야."

오늘 우연히 N을 만났다. N은 어떤 남자와 함께 공원을 거닐고 있었다. N은 두 눈에 우울한 빛을 가득 담고 남자를 뚫어지게 쳐다보았다. 나는 그들 곁을 바짝 스쳐 지나갔는데 N은 나를 보지 못했다. 나는 그들을 앞지르려고 샛길로 접어들었다.

그 남자는 전혀 호감을 주지 못하는 얼굴이었다. 기형적으로 떡 벌어진 몸에 해면처럼 울퉁불퉁한 얼굴을 하고, 어깨는 구부정하게 구부리고 있었다. 중얼거리는 듯한 말투에는 사투리가 섞여 있었다.

나는 한동안 그들을 따라갔다. 그 남자의 무엇이 N을 끌어당긴 것일까? 그 때만큼 나 자신이 미웠던 때는 없다. 절망적으로 니나를 원하고 있으면서도 질투심에 불타고 있는 꼴이라니.

어두워진 후에도 두 사람은 여전히 공원에 있었다. 우수와 관능으로 이글거리는 아주 무더운 저녁이었다. 그들은 열한 시가 넘어서야 헤어졌다. 나는 그 남자를 쫓아가 따귀를 때리고 싶은 충동을 느꼈다.

N은 팔을 축 늘어뜨린 채 꼼짝도 하지 않고 길 한복판에 서 있었다. 우수에 젖은 시적인 풍경이었다. 이윽고 N이 재빠른 걸음으로 걸어갔을 때, 나는 그 뒤를 따라갔다. 그녀는 이사를 갔던 것이다.

슈타인과의 여행

1931년 8월 18일

내가 N을 다시 만난 것은 순전히 우연이라고만은 할 수 없다. 왜냐하면 나는 하루에도 몇 번씩 그 여자가 살고 있는 함스부르크 가를 어슬렁거렸기 때문이다.

마침내 나는 그녀에게 말을 걸었다. 그녀는 거의 퉁명스러울 만큼 차가웠다(그녀의 차가운 태도는 일종의 결함인 동시에 젊음과 천진함의 표시다). 그녀의 눈동자는 내가 간밤에 품었던 욕망을 부끄럽게 만들 만큼 맑았다. 하지만 그 눈동자도 시간이 지나면 어둡게 흐려지리라.

그녀는 심리학을 공부하고 있다고 했다. 국립도서관에 가는 길이라는데, 얼굴이 좀 창백했다.

나는 용기를 내어 주말에 나와 함께 여행할 생각이 없느냐고 물었다. 그녀는 조금도 당황하는 빛이 없이 말했다.

"말씀은 고맙지만, 전 돈이 없어요."

당황한 쪽은 오히려 나였다. 그래서 내 여행에 손님으로 동행해 줄 수 없겠느냐고 물었다.

"그래도 괜찮을까요?"

그녀는 심각한 표정을 하고 물었다.

"제 부모님은 남자가 절 위해 돈을 쓰게 해선 안 된다고 하셨거든요."

나는 N의 말에 놀라움을 느꼈다. N처럼 독립적인 인간이 어떻게 그런 인습적인 편견에 사로잡힐 수 있을까? 결국 나는 그녀가 안 가도 여행을 떠날 것이라고 말했다. 또 그녀 때문에 가솔린을 더 살 필요도 없으며, 아네트 아주머니네 손님으로 가게 되는 것이라고 덧붙였다. 도서관까지 데려다 주는 동안, 그녀는 여전히 쌀쌀맞은 태도를 보였다. 나의 제안이 N에게 작은 동요를 가져다 준 것이 분명했다.

"금요일 밤에 전화 드리겠어요."

그녀는 한참 만에 짧게 말하고는 가 버렸다. 나는 기쁜 마음으로 그녀의 뒷모습을 지켜보았다(그 때 나는 내가 N을 소유물처럼 생각하고 있다는 것을 깨닫고 깜짝 놀랐다. 나의 꿈이 가차없이 수정될 때가 온 것 같다. 나는 N이 차라리 같이 가지 않겠다고 말해 주기를 바랐다).

1931년 8월 20일

N에게서 전화가 왔다. N은 여행 도중에 책을 빌리기로 한 교수 댁에 들를 수 있다면 같이 가겠다고 했다.

우리는 토요일 낮에 출발해서 일요일 저녁에 돌아올 것이다. 이제 이것을 헬레네에게 알리기만 하면 된다. 비밀이라고는 없이 살아온 남자가 갑자기 무엇을 숨길 필요가 생겼을 때, 그는 심한 저항감을 느끼게 마련이다.

나는 헬레네에게 의학 학회에 참석하기 위해 본에 간다고 말할 예정이다. 마침 그 날짜에 열리는 회의가 있었다. 그런데 만약 그 애가 동행한다고 하면 어떻게 하나?

그러면 동료와 함께 간다고 해야겠다. 하지만 어쩐지 헬레네는 내 말을 하나도 믿지 않을 것 같다. 그 애는 아무것도 묻지 않고, 내가 짐을 싸는 것을 도와줄 것이다.

밤이다. 이런저런 생각으로 나는 잠 못 이루고 있다. 나는 수면제를 복용할 것이다. 내일 무슨 일이 있어도 잠을 설친 꼴을 보여선 안 되니까 말이다. 나는 N에게 지금보다 더 늙어 보이고 싶지 않다.

니나는 그 대목에서 짧게 웃었다. 그러더니 심각하게 말했다.

"난 예전에 남자들이 거짓말하는 것을 경멸했어. 그게 누구든 비겁한 것은 딱 질색이니까. 하지만 이젠 인생에서 밤이 필요한 것처럼 비밀이 필요하다는 것을 알아. 전에는 인생이 뭔가 분명해야 한다고 생각했지. 대낮의 햇빛 속을 곧장 달려갈 수 있어야 하고, 자기가 원하는 것을 큰 소리로 외칠 수 있어야 한다고 말이야. 이해할 수 있겠어?"

그 순간 나는 니나가 많은 말을 하는 것이 기뻤다. 물론 니나는 자기를 뒤흔들어 놓은 일에 대해서는 한 마디도 하지 않았지만, 그 얘기를 털어놓기까지는 오랜 시간이 걸리지 않을 것이라는 느낌이 들었다.

"그래, 슈타인과의 여행은 어땠니?"

니나는 내 질문에 건성으로 대답했다.

"난 그게 참 이상했어. 슈타인이 그 교수를 그렇게 질투했다는 게 말이야."

"그 교수는 어떤 사람이었니?"

"고등학교 시절의 물리학 선생이었어. 우리 모두 그 분을 굉장히 좋아했지. 물론 내가 제일 오랫동안……."

"그런데?"

"그게 다야. 난 이론적으로는 사랑이 무엇인지 알고 있었지만, 스물한 살이 되어서도 키스 한번 해 보지 못했어."

"그럼, 슈타인하고 여행갔을 때는?"

"아, 뭔가 다른 경험을 했느냐 말이지? 아냐, 전혀. 난 그걸 아주 나쁜 방식으로 배웠으니까. 누구한테도 그 얘긴 해 본 적이 없어. 언니가 그 얘길 들으면 아마 충격을 받을지도 몰라."

문득 니나의 얼굴이 어두워졌다. 그러더니 화난 목소리로 소리쳤다.

"슈타인은 내게 그런 꼴을 보이지 말아야 했어."

다음 순간 니나는 지친 듯이 말했다.

"그래, 그런 건 아무래도 상관없어. 난 그게 무엇인지조차 깨닫지 못하고 있었으니까. 언닌 상상할 수 있겠어? 언니에게 스물한 살 된 딸이 있는데, 어느 날 그 애가 이런 고백을 하는 거야. 호기심에서 전혀 알지 못하는 남자와 함께 처음으로 바에 갔었다고. 이것저것 섞어 마신 그 애는 조금도 유쾌하지 않았지. 피곤해서 자고 싶다는 생각밖에 없었지. 남자는 그 애를 데리고 자기 방으로 갔어. 여자애가 경험이 많을 거라고 생각한 남자는 그 애가 반항하는 것이 오히려 우습다고 생각했지. 나중에야 모든 것을 이해했지만, 이미 너무 늦어 있었어. 언니라면 그런 딸의 이야기를 믿겠어?"

"세상에! 말도 안 되는 얘기야."

나도 모르게 소리를 질렀다.

그러자 니나가 마치 늙은 여자처럼 웃었다.

"그래, 그 남자는 너를 그대로 내버려두었단 말이니?"

나는 그 남자를 포함한 모든 남자들에게 화가 났다.

"그럼 어떻게 했어야 하는데? 두고두고 뉘우치는 장면을 보여 줘야 했을까? 그 남자가 주소를 적어 줬지만, 오는 길에 찢어 버렸어."

나는 여전히 놀란 채 중얼거렸다.

"그래, 넌 강하니까 감히 그런 짓을 할 수 있었는지도 모르겠다. 하지만 다른 여자들은……."

"하지만 난 다른 여자가 아닌걸."

그 애는 내가 뭐라고 대꾸하기 전에 가볍게 물었다.

"그래, 슈타인은 우리 여행에 대해 뭐라고 썼어? 아냐, 잠깐 기다려. 배고플 텐데 내가 뭐 좀 만들어 줄게. 계란 프라이 어때?"

"좋아. 넌 안 먹을 거니?"

"난 생각 없어."

니나는 중얼거리듯 말했다. 나는 니나의 손에서 프라이팬을 빼앗은 다음, 계란을 부쳐 두 사람 몫의 토스트를 만들었다. 니나는 얼마나 맛없게 먹는지 보기가 딱할 지경이었다. 다 먹고 난 후 우리는 마주 앉아서 담배를 피웠다.

"참 이상하지? 우리가 이렇게 나이 들어서 만난 게 말이야."

니나의 애정 어린 시선은 오랜 세월 감정을 억누르는 데 습관이 되어 있음을 보여 주었다. 나는 내 동생을 알아 가게 되는 것이 기뻤다. 물론 그 애를 진정으로 이해하고 있다고는 말할 수 없지만.

식사를 마친 뒤 니나는 나에게 계속 읽어 달라고 졸랐다. 니나는 슈타인의 기록에 점점 관심을 느끼는 것 같았다. 니나는 슈타인이 자신을 드러내고 있는 대목에 흥미를 갖는 것이 분명했다.

1931년 8월 21일

N과의 여행에서 돌아왔다. 처음에 N은 말이 없었고 나 역시 마찬가지였다. 우리는 가을의 숨결을 느끼게 하는 비 온 뒤의 풍경 속을 달렸다. 봄날을 떠올리게 하는 흐릿한 빛깔과 화사한 기운, 그것은 시간을 초월한 듯한 감동을 주는 풍경이었다.

투칭에서 그녀는 갑자기 생기를 띠더니 책을 빌려 줄 선생님 댁을 방문해야 한다고 했다. 30분이 지나도 니나가 오지 않자, 나는 N이 사라진 울타리 쪽으로 가 보았다.

니나는 둔해빠진 교수와 함께 정원을 거닐고 있었다. 그는 마치 이해 못할 짐승을 바라볼 때와 같은 무관심하고 참을성 있는 태도로 N을 내려다보고 있었다.

나는 순간 N에게서 그가 어떤 의미인지 이해할 수 있을 것 같았다. 그는 N의 일시적이고 소녀다운 애정에 어울리는 사람이었던 것이다.

이윽고 그들이 헤어졌다. N은 망설이듯 그를 한 번 쳐다보고는 되돌아서서 빠른 걸음으로 달려나왔다. 우리는 계속 달렸다. N은 얼굴을 창쪽으로 돌린 채 꼼짝도 하지 않고 있었다. 그녀의 머리카락이 바람에 날렸다. 나는 그것을 만져 보고 싶은 강렬한 유혹을 느꼈다.

알프스 산맥이 가까워져서야 니나는 제정신으로 돌아왔다. 그녀는 자신이 낯선 풍경의 한가운데에 와 있음을 알고 놀라는 눈치였다. 그녀는 잠에서 막 깨어난 사람처럼 나를 바라보았다. 아직도 지친 표정이 채 가시지 않았으나 얼굴에는 결심의 빛이 떠올랐다. 오래 지속되기에는 너무나 강렬한—.

문득 니나가 귀담아 듣고 있지 않다는 것을 알아차렸다.

"뭘 그렇게 생각하고 있니?"

그 애는 흠칫 하면서 느리게 대답했다.

"아, 우수에 대해서 생각하고 있었어. 모든 아름다움 역시 헛된 거야. 우리가 달에 있는 것처럼 고독한 존재라는 것을 안 사람은 누구나 우수에 잠길 수밖에 없어."

"니나! 무슨 말이니? 넌 인생을 사랑하는 줄 알았는데? 너 자신도 그렇게 말하지 않았니?"

"물론, 단지 우수가 인생의 시작이라는 거야."

니나는 갑자기 웃음을 터뜨렸다.

"이런! 내가 아는 체를 하고 있군. 그런데 세상에는 가짜 우수도 있어. 난 사람들의 눈빛만으로도 그걸 알 수 있어. 진짜 우울한 눈은 명랑하고 주의 깊으며 분주한 빛을 띠고 있지. 그것은 극장의 막과 같은 거야. 무대는 그 뒤에 있어. 평소에는 보이지 않지만, 가끔 그 막이 열리게 되면 어둠 속에 아무런 희망도 분노도 없이 한 남자가 앉아 있다는 것을 알게 돼. 누군가가 그를 좀더 정다운 세계로 데려가려고 해도 그 사람은 믿으려 하질 않아. 그 사람은 이미 우수에 중독되어 있으니까."

니나는 내게 살피는 듯한 시선을 보냈다. 나는 이내 니나가 사랑하는 사람에 대해 말하고 있다는 것을 깨달았다. 니나는 얼굴이 빨갛게 되어 말했다.

"어머나, 언니처럼 이성적인 사람이 나를 어떻게 생각할까?"

"나도 이따금 어리석은 짓을 저지르고, 혼란에 빠져들 수 있다면 좋겠다."

내 말에 니나는 끔찍하다는 듯이 소리쳤다.

"그런 일이 닥치면 어쩔 수가 없겠지. 하지만 일부러 그런 것을 원한다는 건……."

니나의 말투는 격렬해졌다.

"많은 것들이 위태롭게 되니까."

"하지만 전혀 위태롭지 않은 삶은 아무런 가치가 없는 거야."

나는 이 말을 하고는 깜짝 놀랐다. 나와는 전혀 어울리지 않는 말이었다. 나는 지금까지 한 번도 인생에서 모험을 하고 싶다는 생각을 해본 적이 없다. 니나는 나를 한 번 쳐다보고는 생각에 잠겨 말했다.

"언니는 인생이 너무 안정되어 불만인 거지?"

나는 펄쩍 뛰면서, 그런 뜻이 아니라고 말하고 싶었다. 그러나 니나의 말이 옳았으므로 잠자코 있었다.

"난 인생이 너무 불안정해서 불만인 거고."

니나는 짧게 웃더니 내 팔을 붙잡고 말했다.

"아니, 난 이대로가 좋아. 가끔 여름날 저녁에 산책을 할 때면 불이 켜져 있는 남의 집 정원을 들여다보곤 해. 그럴 때면 나는 가정에 대해, 그리고 나를 안아 줄 남자에 대해 강렬한 동경을 느끼곤 해. 그러면 나는 울타리에 서서 생각하곤 하지. 살아오면서 내가 몇 번이나 그런 운명의 제의를 거절해 왔던가를. 그런데 어쩌자고 나는 집 잃은 개처럼 여기 서 있어야 하는 거지? 그 모든 것을 받아들이지 않은 것은 바로 나 자신이었는데도. 한때는 나도 결혼과 아이, 그 모든 것을 원한 적이 있었어. 그런데도 나는 행복하지 못했어. 만약 슈타인과 함께였다면 아기자기한 가정 생활 이상의 것을 누릴 수도 있었겠지. 그는 나에게 그것을 보여 주려고 자기 아주머니에게 데리고 갔던 거야. 그 집은 내가 그 때까지 본 집 중에서 가장 아름다운 집이었어. 슈타인은 그 집의 유일한 상속자였고. 아름다운 정원과 고풍스런 기둥에서 나던 벚나무 냄새, 집안을 가득 채운 호두나무 냄새……. 지금도 그 집의 분위기가 그리울 정도야. 나는 아주머니가 돌아가시기 전까지 그 곳에 자주 갔었어."

"그 다음엔?"

니나는 고개를 저었다.

"그 후 그 집은 세를 놓았고, 나중에는 팔아 버렸지."

"그럼 슈타인은 이사하지 않았니?"

"응, 그 사람은 시내에 있는 자기 집에서 계속 살았어. 그는 나를 소유하지 못하자, 그 집도 갖고 싶지 않다고 말했어."

나는 니나를 향해 소리쳤다.

"네가 그 사람 인생을 망쳐 놓았구나!"

"언니, 난 그렇게 생각하지 않아. 그 사람은 하루 종일 몰두할 수 있는 일과 사랑을 가지고 있었어. 하지만 나는 지금까지 몹시 불행했어. 하지만 다시 생각해 보면, 내가 굉장히 불행했을 때에도 다른 한편으론 아주 행복했던 것 같아. 슈타인도 마찬가지였을 거야. 그 사람은 결코 나와 결혼할 수 없으리란 걸 알면서도 그 생각에 매달렸지. 냉정하게 본다면 그건 순전히 광기라고밖에 볼 수 없어. 그 사람은 그것을 더 확고하게 믿는 것을 삶의 목표로 삼고 있었어. 하지만 사실은 모든 것이 그 반대였는지도 모르지. 우리가 어떻게 다른 사람에 대해 알 수가 있겠어? 자기 자신조차도 알 수가 없는데 말이야. 늙어가면서 우리는 고양이처럼 사는 걸 배우게 돼. 점점 더 소리없이, 필연성이란 눈 씻고 볼 수도 없게. 난 늙는다는 것이 기뻐."

나는 웃지 않을 수 없었다. 왜냐하면 니나는 늙어가고 있는 것처럼 보이지는 않았기 때문이다.

"웃지 마."

니나는 심각하게 말했다.

"누구든 의욕이 없어지면 늙기 시작하는 거야. 얼마 전까지만 해도 나는 아침마다 뭔가 특별한 일이 일어날 것 같다는 느낌을 가지고 깨어났어. 아침마다 코를 벌름거리는 사냥개처럼 말이야. 하지만 지금은 하나도 놀라울 것이 없는 존재가 되어 버렸어."

니나는 갑자기 비꼬는 듯한 말투로 말했다.

"마르그레트 언니, 난 지금 지독하게 도덕적인 짓을 하려고 해."

니나는 궤짝에서 일어나 창가로 갔다. 마침 트럭 한 대가 지나가고 있었으므로 나는 그 애의 말을 거의 알아들을 수가 없었다.

"내가 떠나는 건 그 남자가 결혼한 사람이기 때문이야. 그가 나 때문에 더 이상 혼란스러워하는 것을 원하지 않아. 어때? 꽤나 도덕적이지? 그런데도 나는 굉장히 잘못된 일을 하고 있는 느낌이야."

니나는 다시 궤짝 위로 돌아와서 마치 어린애처럼 웅크리고 앉았다.

"언니, 모든 윤리와 양심이 소용 없어지는 상황이 있다는 것을 이해할 수 있겠어? 아무런 기준도 없이 느닷없이 내몰리는 기분 말이야."

니나의 목소리는 갑자기 쉰 듯 가라앉았다.

"난 결코 도덕적인 인간은 아냐. 하지만 한 번도 속임수를 쓰는 게임은 한 적이 없어. 이미 맺어진 관계를 존중해 왔으니까. 그런데……."

니나는 절망에 빠진 시선으로 나를 바라보았다.

"난 스스로 옳지 않다고 생각한 일을 저지르고 말았어."

니나는 나직한 목소리로 덧붙였다.

"우리가 행하는 일이 잘못된 것이라니 끔찍한 일이야. 한편에는 우리 인생이 있고, 한편에는 법칙이 있지. 이 생을 극복하면 과연 보다 높은 생을 얻을 수 있을까?"

나는 지친 듯이 고개를 저었다.

"난 그걸 믿지 않아. 오히려 인생 쪽이 옳다고 생각해. 아, 누가 이런 문제에 대해 명쾌한 답을 내릴 수 있을까?"

나는 니나에게 '네 스스로 희생을 선택할 필요는 없다'고 말하고 싶었다. 그러나 그 애를 혼란에 빠뜨릴 용기가 나지 않았다. 나는 잠자코 슈타인의 일기를 뒤적이면서 그 애가 혼자 생각할 수 있도록 내버려 두었다. 잠시 후에 니나는 자조적인 말투로 말했다.

"그 때 내가 슈타인과 결혼했더라면 지금쯤 아무 근심 없이 잘 지내고 있겠지. 그 모든 일들을 겪지 않아도 되었을 거고 말이야."

"니나, 바보 같은 소리 마. 설령 그렇게 되었다고 해도 너는 분명 그 남자와 만났을 거야. 누구도 운명에 저항하기는 어려운 법이니까."

"그래, 운명은 운명이지."

우리는 잠시 침묵했다. 그리고 나는 니나 앞에 일기장을 밀어 놓았다. 우리는 함께 그것을 읽어 나갔다.

우리는 정원에서 아네트 아주머니를 만났다. 아주머니는 N을 흥미롭게 관찰하는 것 같았다. 별다른 일 없이 저녁 시간이 지나갔다. 아주머니는 이따금 니나의 실수를 지적했으나, 날카롭고 배타적이었던 시선이 점차 놀라울 정도의 호감으로 바뀌어 갔다.

그러나 니나는 아주머니의 마음에 들려는 노력조차 하지 않았다. 심각한 표정으로 묻는 말에 간신히 대꾸하는 정도였다. 그런데도 아주머니는 자꾸 니나에게 말을 걸었다. 나는 그처럼 거만하던 아주머니가 니나의 환심을 사려고 애쓰는 것을 보고 놀랐다.

식탁에서 일어났을 때, 나는 아주머니와 단둘이 남게 되었다. 아주머니는 얼굴에 생기를 띠면서 말했다.

"저 아이를 가르쳐 보고 싶구나. 우선 태도에 자신감이 있어야겠고, 매무새만 가다듬는다면 어디에 내놓아도 손색이 없겠다. 저 애를 가끔씩 데려오너라. 하지만 내 생각에……, 넌 저 애를 붙잡을 수 없을 것 같구나."

"아주머니도, 참!"

그렇게 얼버무리기는 했지만, 나 자신 이미 백 번도 넘게 생각해 왔던 문제였다.

"저 아이는 너의 엷은 공기 속에서는 살아갈 수 없을 거야. 저 애는 열정과 불안정, 변화를 필요로 하는 아이다. 너무나 많은 위험을 선택할 그런 종류의 여자야."

아주머니는 내 곁을 떠났다. 나는 정원의 연못가에 웅크리고 있는 니나를 발견했다.

니나는 잔뜩 겁을 집어먹은 공격적인 짐승처럼 보였다. 나를 본 니나는 시든 꽃잎으로 장난을 쳤다.

"저를 왜 이리로 데려오셨지요?"

"당신 마음에 들 것 같아서. 보기 드물게 아름다운 집이니까."

니나는 어두운 표정으로 말했다.

"저는 이 곳에 어울리지 않아요. 선생님도 그것을 잘 알고 있어요."

"어째서 당신이 이 곳과 어울리지 않는다고 생각하오?"

나도 모르게 소리쳤다.

"이런 집에서는 어떻게 행동해야 할지 모르겠어요. 전 이 곳에 있는 게 불편해요."

"미안하군. 미처 생각하지 못했소. 오늘 밤만 참아 줘요."

니나는 아무 대답도 하지 않았다.

"우리 산책이나 할까요?"

아직 달도 떠오르지 않은 조용한 밤이었다. 정원은 가을 채소와 호두나무, 천천히 썩어 가는 낙엽 냄새로 가득 차 있었다. 간간이 수풀 속을 지나가는 고양이 소리, 과수원에서 사과 떨어지는 소리가 들렸다. 놀라울 만큼 생기로 가득한 밤이었다. 우리는 가능한 한 침묵했다. 나는 인공적으로 꾸며 낸 행복을 만끽하고 있었다.

"잘 자요."

그녀의 침실 앞에서 나는 내일의 계획을 얘기해야겠다는 생각을 했다. 니나는 눈을 크게 뜨고 나를 쳐다보았다. 니나의 두 눈에서 문득 조소의 불꽃을, 그녀 자신도 거의 의식하지 못하는 도전의 불꽃을 보았던 것은 아닌지……. 나도 잘 모르겠다. 실제의 나보다 더 좋게 보이려고 내가 이런 행동을 하는 것일까? 아니면 그녀의 젊음과 순진함에 감동해서? 아니다. 그것들은 나를 유혹했다. 나는 실패를 두려워한 것일까? 기회는 아주 좋았다. 니나의 우울과 고독은 그녀를 내 품으로 몰아넣기에 충분했다.

나는 그녀를 충분히 열망하지 않았던가? 나는 흥분한 나머지 목이 메었고, 입술은 건조하고 뜨거웠다. 그러면 나를 막은 것은 무엇인가? 잠

시 동안의 사려, 그게 다였다. 나는 니나와 악수했다.

"안녕히 주무세요."

니나는 곧 자기 방으로 사라졌다. 그녀는 방문을 잠그지 않았다. 그럴 마음이 없는 것이 분명했다. 나는 잠시 어두컴컴한 현관에 앉아 있었다. 니나의 방에 불이 꺼지기를 기다려 밖으로 나갔다. 그리고 오랫동안 정원을 거닐었다.

나는 새벽녘에야 방으로 돌아왔다. 잠시 눈을 붙인 후 깨어났을 때, 거울 앞에는 잿빛 얼굴을 한 늙은 사내가 서 있었다. 지금까지 나의 삶은 아무런 불편함도 없었으며, 모든 것이 정상이었다. 그러나 인생에서 아무런 모험도 하지 않는 남자에게 무슨 매력이 있겠는가?

내가 니나와 함께 보낸 일요일은 거의 아무런 방해도 받지 않고 지나갔다. 하지만 나는 니나와의 거리가 조금도 좁혀지지 않았다는 사실을

깨달았다. 그 순간 나를 덮쳐 온 것은 고통이었다. 나는 내 생활의 무의미함이 그 어느 때보다도 더 뚜렷하게 느껴졌다는 점을 니나에게 고백하지 않을 수 없었다.

"세상에는 모든 것이 완벽하게 갖추어진 100퍼센트짜리 인간이 있습니다. 그 반면에 10퍼센트만 주어진 인간도 있고요. 대부분의 인간들이 이 부류에 속하기 때문에 그들에 관해서는 언급할 가치도 없습니다. 한편, 90퍼센트가 주어진 인간들이 있지요. 모든 것이 거의 주어진 셈이지만 그들에게는 가장 중요한 10퍼센트가 빠져 있어요. 그게 바로 나예요. 나 같은 부류의 인간은 차라리 태어나지 않는 편이 나을 뻔했습니다."

나는 니나를 외면하면서 말했다.

아주 잠깐, 그녀가 연민에 넘쳐서 내 팔 위에 손을 얹었다. 마치 생명 그 자체가 나를 어루만지는 것 같았다. 그 순간 나에게는 감미로운 희망만이 남겨졌다. 니나는 내 눈에 고인 눈물을 보지 못했을 것이다. 하지만 보았다고 해도 상관 없는 일이다.

지금은 밤이고 나는 혼자다. 헬레네는 언제나처럼 나를 다정하게 맞아 주었다. 나는 스스로에게 물어 보았다. 내 나이의 남자가 어린 여자에게서 생의 의미를 찾는 것이 가능한 것인지를. 어쨌든 나는 더 강렬하게 니나와 결혼하고 싶은 충동을 느꼈다.———————

길게 그은 선으로 글은 끝나 있었다. 어찌나 힘을 세게 주었던지 펜 끝이 갈라진 것 같았다.

"난 그런 줄 모르고 있었어."

"알았다면?"

"그래도 달라진 것은 없었겠지. 그는 언제나 나를 방해하기만 했으니까. 그는 나에게서 내가 원하지 않는 어떤 것을 만들어 내려고 했어."

니나는 아직도 화가 치민다는 듯이 말했다. 하지만 곧 지친 표정으로 말했다.

"하지만 난 슈타인에게 고마워해야 해. 난 그에게 반항하면서 내가 진정으로 원하는 것이 무엇인지를 알게 됐으니까. 그 시절, 나는 어렸고 굉장한 혼란에 빠져 있었어. 언니는 그런 적 없었어? 어느 날 잠을 깼는데, 자신이 전날과 아주 다른 사람이 된 듯한 기분이 드는 때 말야. 그 변화는 너무도 분명해서 자신이 이렇게도 될 수 있고, 또 전혀 다른 모습이 될 수도 있다는 것을 깨닫게 하지. 사람은 누구나 자신의 내면을 들여다볼 때 수백 가지의 모습을 한 자기를 만날 수 있어. 하지만 그 중에 어느 것도 진짜는 아냐. 그러면서도 우리는 최소한 자신이 원하는 무엇이 될 수 있으리라고 믿고 있어. 문제는 우리가 선택한 것이 그 수많은 것들 중에서 미리 정해진 어떤 하나일 뿐이라는 거야."

"그래, 이따금 우리는 자신의 선택이 잘못된 것이 아닌가 하고 의심을 품을 때도 있어. 우리가 혼자 남게 될 때, 우리는 어둠 속에서 또 다른 자신의 모습을 만나게 되지. 그 때 우리는 자기 자신을 보고 비애에 젖어서 말해. 이젠 너무 늦었다고."

니나가 놀란 표정으로 물었다.

"언니도 그런 생각을 할 때가 있어?"

"가끔은."

하고 대답했으나, 내가 그런 생각을 한 것은 그 때가 처음이었다.

"언니는 지금까지 인생에서 많은 것을 이루었고, 또 모범적인 생활을 하고 있잖아?"

니나의 말은 나를 당황하게 만들었다.

"아냐. 내겐 제대로 된 것이 아무것도 없어. 제대로 살고 있는 것은 오히려 너야. 너는 모든 것에 대해 가능성을 열어 놓고 있으니까."

"아! 그게 바로 문제야."

니나가 소리쳤다.

"나는 생의 한가운데를 떠돌아다녔어, 마치 집시처럼. 나는 어디에도 속해 있지 않아. 나 자신에게조차도. 모든 것이 흘러가 버려 언젠가는 땅도 집도 사라지고 말 게 분명해. 내 삶에서 확실한 것이라고는 하나도 없어."

"니나, 그만해 두렴. 넌 네 인생을 그런 식으로 말해서는 안 돼."

"언니는 그 모든 게 얼마나 무의미한지 모를 거야. 그건 모두 우연의 산물일 뿐이지. 차라리 레니 할머니의 가게에 눌러앉는 것이 나을 뻔했어."

"무슨 말인지 모르겠구나. 어느 할머니 말이니?"

"아버지의 왕고모뻘 되는 할머닌데, 아마 언니는 모를 거야. 아버지가 돌아가셨을 때, 언니는 남미인가 어딘가에 가 있었지. 아버지가 가족들 모르게 투기에 손을 대는 바람에, 우리 집은 빚더미에 올라앉았지. 난 공부를 그만두어야 했고, 어머니와 살아가기 위해 돈을 벌어야 했어. 그 때 레니 할머니로부터 가게 일을 돌봐 달라는 편지가 왔지. 자기가 죽은 후에 그 가게를 물려주겠다는 조건으로 말야. 선택의 여지도 없었어. 나는 곧 사탕과 밀가루 따위를 팔기 위해 벤하임으로 갔어."

니나는 거기까지 말하고 화제를 돌렸다.

"언니, 뭘 좀 먹어야지? 길 저쪽에 내가 잘 가는 식당이 있어."

뮌헨의 세찬 바람 덕분에 나 역시 시장기를 느꼈다. 신록이 싱그러운 향기를 뿜어 내는 눈부신 봄날이었다. 우리는 공원을 가로질러 갔다. 그러나 니나는 거의 아무것도 먹지 않았다.

웨이터가 나에게 호소하듯이 말했다.

"벌써 몇 주째 저러고 있답니다. 샐러드 조금, 감자 한 알, 수프 몇 숟가락 그게 다예요. 아, 그 의사 선생님과 함께 얼마나 근사한 메뉴를 고르곤 했었는데요."

웨이터는 어깨를 으쓱하고는 식탁을 치웠다.

그 남자의 전화

우리가 집에 거의 도착했을 때, 옆집 부인이 니나에게 소리쳤다.

"부슈만 부인, 아까부터 댁의 전화가 미친 듯이 울리고 있어요."

나는 니나를 쳐다보았다.

"잡지사에서 온 걸 거야."

니나가 말했다.

"다른 사람이 걸었는지도 모르잖아?"

니나는 재빨리 고개를 저었다.

"아냐, 전화 올 데가 없어."

내가 들어가자고 서둘렀으나 니나는 고개를 저었다.

"난 안 가겠어."

니나는 내게 열쇠를 주었다.

"가고 싶다면 언니나 가 봐. 하지만 그게 누구든 간에 내가 이미 떠났다고 말해 줘."

내가 들어갔을 때, 전화 벨이 다시 울리기 시작했다.

"니나?"

전화기 너머로 어떤 남자의 목소리가 울려 왔다.

"아닙니다."

나는 상대방의 목소리에 내가 더 흥분하고 있음을 느꼈다. 잠시 후에 다시 남자의 목소리가 들려왔다.

"니나는 거기 없나요?"

"네, 그 애는 떠났어요."

"떠났다고요? 어디로요?"

"영국이요."

나는 스스로에게 솔직해질 시간적 여유를 주지 않기 위해 서둘러 말해 버렸다.

"영국이라고요?"

나는 뭐라고 대답을 할 수가 없었다. 상대방은 '아!' 하더니 아주 천천히 수화기를 내려놓았다. 아무리 끔찍한 일이 일어나도 놀라지 않을 것만 같은, 이미 고통에 단련된 남자만이 지닐 수 있는 목소리였다. 바로 '그 남자'만이 지닐 수 있는.

니나는 느릿느릿 계단을 올라왔다. 나는 니나와 시선을 마주치지 않으려고 애쓰며, 잡지사에서 온 전화라고 말했다. 니나는 방 안으로 들어갔다. 열린 방문 틈으로 니나가 깍지 끼고 앉아 있는 것이 보였다. 나는 니나가 혼자 있게 내버려 두었다.

궤짝 위에 등을 대고 눕자, 그대로 잠이 쏟아졌다. 그러면서 나는 그 남자의 이름과 연락처를 묻지 않은 자신에게 화가 났다. 어쩌면 그를 설득해 볼 수도 있었는데⋯⋯.

잠에서 깨어났을 때, 뭔가를 구술하는 니나의 목소리와 타이프라이터 소리가 들려왔다. 방문이 삐걱이는 소리를 듣고 니나가 들어왔다.

"곧 끝날 거야."

니나가 말했다.

"우편물을 처리해야 돼. 안 그러면 잡지사에서 어떻게 할지 모르니까. 여비서를 오라고 했어. 10분이면 끝나."

니나는 방을 나갔다. 들으려고 애쓰지 않아도 니나의 목소리를 들을 수 있었다. 니나는 아주 간결하고 분명하게 구술을 계속해 나갔다. 이따금 니나와 여비서의 웃음소리가 들려왔다. 그토록 절망에 빠져 있으면서도 저렇게 웃을 수 있다니!

나는 니나가 가져다 준 홍차를 마시고 다시 슈타인의 일기를 읽기 시작했다. 1932년 2월 6일이라고 씌어 있었다. 펜촉이 갈라질 정도로 줄을 그은 그 날 이후 일 년 넘게 일기를 쓰지 않은 모양이었다.

나는 여기에 나의 패배를 기록할 필요성을 느낀다. 나의 패배는 일종의 희극적인 성격을 띠고 있다. 극도의 수치심이 희극적이고도 그로테

스크한 면을 압도하고 있기는 하지만.

한 달 전 나는 니나를 만나기 위해 벤하임에 갔었다. 그 일을 다시 떠올린다는 것이 내게는 쉽지 않은 일이다. 하지만 나 스스로가 해방되기 위해서라도 나는 이 일을 해야만 한다. 나는 두 번 다시 니나를 만나지 않을 것이다.

아름다웠지만 실패로 끝나 버린 니나와의 여행 후, 나는 니나의 아버지로부터 한 통의 편지를 받았다. 그는 내가 자기 딸을 하느님의 질서에 반항하도록 부추기고 있다고 비난했다. 그래서 그는 니나가 우리 집을 출입하지 못하도록 하겠다고 했다.

그러나 나는 그러한 금지가 니나를 내게로 오게 만드리라는 것을 잘 알고 있었다. 니나는 반항 정신으로 똘똘 뭉친 여자이기 때문이다. 그러나 그것은 잘못된 생각이었다. 니나는 오지 않았다.

나는 10월이 다 가도록 니나를 기다렸다. 그 전까지 나는 기다림이 그렇게 많은 뉘앙스를 가지고 있는지 알지 못했다. 첫 주는 흥분 상태의 초조함과 저 깊고 달콤한 그리움 사이를 왔다갔다했다. 내게 있어 모든 사물은 니나를 연상시키는 유일한 고리에 불과했다. 그러나 세 번째 주부터 나를 괴롭힌 것은 걱정이었다. 니나에게 도대체 무슨 일이 일어난 것일까? 그녀는 나의 용기 없음을 경멸하는 것일까?

처음 얼마간은 이런 생각들이 치통처럼 적당히 나를 지배했다. 그러나 시간이 지날수록 그것은 나를 정복하고 후벼팠다. 나는 더 이상 일을 계속할 수가 없었다. 초조감이 모든 에너지를 빼앗아 가 버렸다. 나는 깊은 피로감을 느꼈다. 나는 니나와 나 사이에 파국이 찾아온 것이라고 생각되었다.

이런 생각 끝에 내게 처음으로 찾아든 것은 늙은 남자의 피곤한 만족감이었다. 나는 뜻밖의 사태에 아연해졌다. 내 감정의 끝은 생의 종말을 의미하는 것이 아닌가!

그렇다고 그것이 죽음을 의미하는 것은 아니었다. 내게서 죽음이란 자신에게 결코 허락할 수 없는 너무 안이한 해결책에 불과했다. 나는 기다림의 마지막 단계인 고통에 자신을 내맡기기에 이르렀다.

헬레네는 나에게 아무것도 묻지 않았고, 무엇을 먹기를 강요하지도 않았다. 또한 나에게 연민이나 비난의 눈길을 보내지도 않았다. 헬레네의 그런 사려 깊은 태도가 이기심으로 가득 찬 나에게는 오히려 부담스러웠다.

나는 뮌헨 대학에서 겨울 학기 강좌를 맡기로 했다. 그 곳에서 니나를 만날 수 있을 것이다. 학기가 시작되자, 나는 제4학기의 학생 명부를 받았다. 그러나 니나의 이름은 거기에 없었다. 나는 뒤늦게 니나가 학교를 그만두었다는 사실을 알았다. 나는 니나의 친구라는 한 소녀의 집을 찾아갔다.

그 소녀는 울음을 터뜨리더니 잠자코 가방에서 한 통의 편지를 꺼내 주었다. 그것은 2월 2일자로 된 니나의 편지였다. 6주일 전에 니나의 아버지가 돌아가셨고, 더 이상 공부를 계속할 수 없게 되었다는 내용이었다. 니나는 벤하임에 있는 먼 친척의 가게 일을 돌봐 주러 떠난다고 했다. 편지의 끝에 니나는 '끔찍하니까 절대 찾아오지 말라'고 덧붙이고 있었다.

벤하임으로의 여행

이튿날, 나는 헬레네에게 아무 말도 하지 않은 채 벤하임으로 떠났다. 차를 정비 공장에 넣었기 때문에, 기차를 여러 번 갈아타야만 했다.

나는 결코 환영받지 못하리라는 것을 알면서도 니나에게 가고 있다.

나는 어떤 모욕도 감수할 각오가 되어 있다. 때때로 증오도 고리가 될 수 있는 것이다. 물론 그녀가 나에게 지닌 감정이 증오가 아니기를 바라지만, 친절을 가장한 무관심보다는 그 편이 나으리라.

나는 니나가 어떤 모습을 하고 있을지 상상해 보았다. 나는 그녀가 더 이상 절망할 것도 없는 상황에서 두말없이 나를 따라와 주기를 바랐다. 물론 실현 불가능한 생각들이지만, 그 생각은 나를 기쁘게 만들었다. 나는 내부에 뻔뻔스러운 대담성이 차오르는 것을 느끼며 가능한 모든 유혹을 동원할 생각이었다.

오후 늦게 벤하임에 도착했다. 추적추적 비까지 내리고 있었다. 나는 지금까지 그토록 버림받은 듯한 잿빛 도시를 본 적이 없다. 황폐해서가 아니라, 오히려 지나치게 깨끗한 골목들은 어딘지 모르게 고통을 느끼게 했다. 공처럼 둥근 모양으로 다듬어진 아카시아 나무는 어딘지 인공적인 느낌을 주었으며, 거리에서 마주친 사람들은 하나같이 무표정한 얼굴들이었다. 물론 벤하임을 그런 식으로 보게 만든 것은 나의 편견 때문이겠지만, 나는 N이 결코 이런 곳에서는 살아갈 수 없으리라고 생각했다.

니나는 형편없는 곳에서도 새로운 의미를 찾아내는 기질을 가지고 있기는 하지만, 이번만은 그녀의 생에 대한 동경과 기갈을 채워 줄 것이 아무것도 없을 것이라고 나는 단정했다.

문제의 가게에는 단 하나의 쇼윈도가 있을 뿐이었다. 쇼윈도 앞에 섰을 때, 나는 이번에야말로 니나를 얻을 수 있으리라고 확신했다. 니나는 사탕이 담긴 유리병과 파이프용 담배, 그리고 먼지투성이인 화분들 사이에 서 있었다. 창문이 뿌옇게 흐려 있었지만, 나는 니나를 곧바로 알아볼 수 있었다.

손님이 나가자, 니나는 서랍을 닫고 진열대를 닦기 시작했다. 그 일이

끝난 뒤, 잠시 밖을 내다보던 니나는 어두운 가게 안쪽으로 느리게 사라졌다.

내가 들어갔을 때, 니나는 상자 사이에 몸을 웅크리고 앉아 있었다. 그 순간 순수한 연민의 정이 내 속에서 일렁거렸다. 만약 그 때 니나가 울음을 터뜨렸더라면, 우리의 운명은 달라졌을 것이다. 하지만 니나는 울지 않았다.

니나가 고개를 들었을 때, 그 눈은 왜 자신을 방해하러 왔는지 묻고 있었다. 그녀의 자존심은 그 곳을 탈출하는 것을 허락하지 않을 것이 분명했다. 그러나 나 역시 뒤로 물러서지 않으리라는 결심을 굳혔다.

"니나, 내게도 담배를 팔지 않겠소?"

"네, 그러죠. 하지만 여기 영국제는 없는데요."

순간 나는 격렬한 기쁨을 느꼈다. 니나는 내가 영국제 담배를 좋아한다는 것을 기억하고 있었다. 우리를 이어 주는 끈은 아직 끊어지지 않고 있었던 것이다.

"비를 많이 맞으셨군요. 들어오세요. 더 올 손님도 없는데, 문을 닫아야겠어요."

니나는 현관으로 가서 쇠로 된 덧문을 내렸다. 그런 다음 나를 가게 뒷방으로 데려갔다. 식초와 비누 냄새가 코를 찔렀으나 방 안은 따뜻했다. 난로 곁의 안락 의자에는 추악한 몰골을 한 노파가 몸을 파묻고 있었다.

"왕고모님이에요. 듣지도 보지도 못해요. 방해가 되진 않겠지요?"

니나는 자신의 질문에 대한 답을 기다리지 않는 특이한 버릇을 가지고 있었다. 니나의 흥미를 끌 만한 것은 아무것도 없어 보였다. 니나는 조그만 알코올 램프 위에 찻물을 올렸다.

"이건 마치 고행하는 거나 마찬가지군."

나는 니나가 이 모든 것을 어떻게 견디는지 이해할 수 없었다.

"물론 나도 여기가 쾌적하지 못한 곳이라는 건 잘 알고 있어요. 그렇다고 어쩌겠어요? 여기서 뭔가를 변화시킨다는 것은 무의미해요."

그녀의 목소리는 희망 없이 들렸다. 그러나 나의 방문이 그녀에게 추억과 꿈을 불러일으킨 것이 분명했다. 나는 죄의식에 가까운 쾌감을 느끼며 그녀를 지켜보았다.

나는 슬쩍 흘리듯이 주말에 가르미슈로 떠날 예정이라고 했다. 니나가 함께 가 준다면 기쁘겠다는 말도 덧붙였다.

"아뇨."

니나는 내 제안이 자신을 동요시켰음을 나타내는 어조로 말했다.

"그건 불가능한 일이에요. 이 할머니를 혼자 내버려 둘 수는 없으니까요."

"유감이로군. 혹시 대신 돌봐 줄 사람을 구할 수는 없겠소?"

니나는 말없이 홍차를 따랐다. 니나의 행동 하나하나가 감동으로 다가왔다. 순간 나는 니나를 잃을지도 모른다는 공포를 느꼈다.

니나를 향한 정열이 오히려 나를 돌처럼 굳어지게 만들었다. 차를 따를 때 니나의 팔이 나를 스쳤지만, 그 순간은 곧 지나가 버렸다.

우리는 책에 대해서, 그리고 각자의 계획에 대해서 이야기를 나누었다. 니나가 얘기 도중 '할머니가 돌아가시고 나면'이라고 말했을 때, 나는 깜짝 놀랐다.

"아, 걱정하실 것 없어요. 할머니는 전혀 듣지 못하니까요. 할머니가 기다리고 있는 것은 죽음뿐이에요."

"이 할머니와 사는 게 무섭지는 않소?"

"왜 그렇게 생각하지요? 난 지금까지 사람이 죽어 가는 모습을 본 적이 없어요. 그래서 오히려 흥미를 느끼죠. 난 할머니가 죽어 가는 모습을 관찰하며 소설을 쓰고 있어요."

"니나! 글을 쓰고 있소?"

내가 물었다.

"아! 그냥 한번 써 보는 거예요. 나는 할 줄 아는 게 아무것도 없으니까요."

내가 그 동안 쓴 것을 좀 보여 달라고 하자, 니나는 안 된다고 잘라 말했다.

"좋은 글을 쓸 때까지 모두 태워 버리기로 결심했어요."

니나는 얼른 화제를 바꾸어 가게 손님들에 대해 말하기 시작했다.

"그 사람들을 관찰하고 이야기를 듣는 것이 얼마나 재미있는 일인지 모르실 거예요."

니나는 생에 대한 애정과 불행을 들키지 않으려는 오기를 함께 보여 주고 있었다. 니나가 안간힘을 쓰는 것을 보자, 나는 살을 에는 듯한 고통을 느꼈다.

니나가 난로로 가 불을 살펴보기 시작했을 때, 나는 20년 동안 입 밖에 내본 적이 없는 고백을 했다.

"니나, 당신을 사랑하오."

하지만 니나는 난로에 석탄을 쏟아붓느라 그 말을 듣지 못했다. 아니, 니나가 듣지 못했는지 어쨌는지 모르지만, 나는 그 말을 다시 하지 않았다. 저녁이 되자, 니나는 내가 자동차 빌리는 일을 도와주었다. 나는 결국 가르미슈 행을 감행하기로 했던 것이다.

다음 날, 나는 일찍 잠에서 깨어났다. 날씨는 아주 화창했다. 나는 니나가 내 제안을 거절한 것을 후회할 시간을 주고 싶었다. 그래서 그녀를 기대와 불안 속에 가두어 두고 싶었다. 하루가 끔찍하게 길었다. 나는 오후가 지나서야 차를 몰고 니나의 가게 앞으로 갔다.

니나는 창가에 서서 나를 기다리고 있었다. 외출복 차림이었고, 옆에는 외투와 핸드백이 놓여 있었다.

"지금이라도 괜찮으시다면 함께 가겠어요."

니나는 가게 쪽은 쳐다보지도 않은 채 거리로 나왔다. 마치 다시는 돌아오지 않을 것처럼. 니나가 내 곁에 앉아서 해방과 기쁨의 한숨을 내쉬던 순간을 나는 잊을 수 없으리라. 그리고 마치 죽음에 중독된 듯 갈색과 보랏빛이 뒤섞인 늦가을의 감미로운 햇살을 잊지 못하리라.

나는 행복했다. 이처럼 완벽한 조화는 두 번 다시 찾아오지 않을 테고, 앞으로의 생은 단지 상실에 지나지 않을 것이다. 어찌해서 우리 둘 다 행복에 빠진 이 순간, 생을 끝내어서는 안 되는가? 좀더 속력을 내어 오른쪽 커브를 돌면 나무 둥치와 무덤들, 이윽고 돌발적인 마지막 순간이 오고, 니나는 아무것도 알지 못하리라.

나는 니나를 쳐다보았다. 그녀의 얼굴은 홍조를 띠었으며, 두 눈은 빛나고 있었다. 순간 나는 니나의 기쁨이 나와는 무관하다는 사실을 깨달았다. 나는 속력을 늦추었다. 빛은 곧 사위어들고, 행복했던 순간은 사방으로 흩어져 버렸다.

"왜 이렇게 천천히 달리세요? 나는 빨리 달리는 게 좋아요."

니나의 말대로 속력을 올렸으나, 아까의 유혹은 다시 오지 않았다. 순식간에 어둠이 찾아왔다. 산이 가까워지자 기온이 점점 떨어졌다. 나는 자동차의 덮개를 덮었다.

그런 다음 떨고 있는 니나에게 외투를 걸쳐 주었다.

나는 파르크 호텔 앞에 차를 세웠다. 니나는 의심스럽다는 듯한 얼굴로 나를 쳐다보았다. 그러나 홀 안의 따뜻함은 이내 나와 공범이 되었다. 내가 숙박부를 작성하는 동안, 니나는 어깨 너머로 허공을 응시하고 있었다. 니나는 지정된 방으로 향하는 나를 순순히 따라왔다. 걱정했던 것보다 훨씬 덜 놀라는 모습이었다.

저녁 식사 때 포도주를 마신 니나는 다시 쾌활한 태도를 보이기 시작했다. 나는 최소한 그 하룻밤만이라도 생에 대해 반기를 들 작정이었다.

밤이 깊어서야 우리는 방으로 돌아왔다. 니나는 구석으로 가더니 아주 자연스럽게 돌아서서 옷을 벗기 시작했다.

문득 나는 참을 수 없는 기분이 들었다. 방을 나온 나는 곧장 바로 내려가서 술을 마셨다. 나는 그날 밤, 니나를 가질 수 있으리라는 것을 잘 알고 있었다. 그러나 그게 어쨌단 말인가? 니나는 여전히 내게 속해 있지 않다. 니나는 나를 사랑하고 있지 않으며, 앞으로도 그럴 것이다.

한참 후, 방으로 돌아와 보니 니나는 잠들어 있었다. 나는 조용히 자리에 누웠다. 그 때 어둠 속에서 니나가 나를 정면으로 바라보고 있는 듯한 느낌이 들었다. 나는 용기를 내어 그녀의 손을 잡아 내 얼굴 위로 가져갔다. 니나는 내가 키스하는 것을 내버려 두었다.

그날 밤, 생은 나에게 복수를 했다. 내가 그토록 자신을 거부해 온 것에 대해. 나는 끔찍한 마비 상태에 빠지고 만 것이다. 니나가 잠들었다고 생각한 순간, 하염없이 솟아오르는 눈물이 얼굴을 적셨다.

"울고 계시는 거예요?"

니나의 목소리는 따뜻함으로 넘쳐 있었다. 그녀는 연민으로 인해 내게로 기울어졌다. 하지만 내가 원한 것은 연민이 아니었다. 그날 밤 나는 한숨도 자지 못했다. 그리고 새벽이 왔을 때, 나는 니나로부터 영원히 떠날 것을 결심했다. 니나 역시 그 밤의 나를 용서하지 않으리라.

우리가 아침을 먹으러 내려갔을 때, 니나는 다정하게 굴었다. 우리는 그 날 먼 거리를 달렸다. 니나는 밤새 나이가 부쩍 든 것처럼 보였다. 그 불면의 밤에 니나의 내부에 어떤 변화가 일어났을까?

내가 벤하임에서 기차에 올라탔을 때, 니나는 우정어린 작별 인사를 했다. 니나의 관대함으로 가득 찬 얼굴에는 고향을 잃은 사람의 떠도는 눈빛과, 많은 것을 알고 있으면서도 생을 경멸하지 않는 자의 우수가 스며 있었다.

나는 그 어느 때보다도 더 니나를 사랑한다. 그러나 다시는 만나지 않을 것이다.

니나는 어느 새 내 곁에 있었다.

"왜 그런 표정으로 봐? 그 때 난 어렸어. 어떻게 행동해야 할지를 몰랐지. 언니는 모를 거야. 사람이 연민으로 인해 무슨 일이든 할 수 있다는 걸 말야."

니나는 오래 자지 못한 탓에 핼쑥한 얼굴을 하고, 슬픔으로 인해 되는 대로 옷을 걸치고 있었지만, 생명력에 넘쳐 있었다. 니나는 폭풍에 좀 부서지긴 했지만, 새로운 대륙을 향해서 가고 있는 배와도 같았다.

"언니는 아마 이해하지 못 할 거야."

"뭘 말이니?"

"내가 지금부터 하려는 얘기를 말이야. 언니한테는 끔찍하게 들릴지도 모르니까."

니나는 내게 머뭇거리는 듯하면서도 도전적인 눈빛을 보냈다.

"난 한 번은 호기심 때문에 했어. 말할까? 아니, 말하지 않을래."

"니나!"

나는 괴로움을 느꼈다. 그러자 니나는 미소지으며 말했다.

"아, 사람들이 생에 대해 진정으로 아는 것을 얼마나 두려워하는지. 이 얘긴 어떤 면에서는 시적이기조차 해. 다 듣고 나서 윤리적인지 어떤지 말해 줘."

그러나 니나는 이야기를 꺼내는 대신 산책을 하자고 말했다. 우리는 이잘 강변을 지나서 다리를 건넜다. 뮌헨 강변에 이르렀을 때는 이미 날이 어두워지고 있었다.

세차게 흘러가는 강물 소리가 저녁 공기를 불안하게 만들었다. 니나는 내 팔을 강변 안쪽으로 꽉 잡아당기고는 말했다.

"지난 겨울에 난 이 곳에 가끔 왔었어."

강물은 급한 여울을 만들며 흘러가고 있었다.

"만약 내가 그걸 한다면, 이런 밤 이런 곳에서 하겠어. 바로 지금 같은 냄새가 나야 해."

"니나!"

"출렁이는 강물과 축축하게 젖은 땅, 그리고 버드나무 껍질 냄새가 나야 해. 그리고 지금처럼 '쏵쏵' 하는 소리가 나고, 대지는 생명으로 넘쳐 있어야 해."

니나는 말하는 내내 잡고 있던 내 팔을 놓더니, 부끄러운 듯 말했다.

"이런 얘길 언니한테 하다니, 내가 너무 잠을 못 자서 그런가 봐."

나는 니나의 관심을 돌리려고 아까 얘기를 물어 보았다.

"아까 하려던 얘기는 뭐니?"

"아, 그건 다 부질없는 얘기야."

니나에게는 '그 남자'를 뺀 나머지는 아무 의미가 없어 보였다. 니나가 그 남자를 만난 것은 곧 자기 자신을 만난 것이며, 만약 그를 잃게 된다면 그 애 삶의 끈이 끊길 것처럼 보였다.

"내 얘기를 들으면 분명 언니는 아마 날 이상한 애라고 생각할 거야."

돌아가는 길에 니나는 얘기를 시작했다. 나는 그 뒤로 가끔씩 그 이야기가 떠오를 때가 있었는데, 어째서 내겐 그런 일이 한 번도 일어나지 않았는지 자문하곤 했다.

나는 거울을 들여다보았다. 나와 니나는 많이 닮았다. 니나보다는 내가 훨씬 예쁜 편이지만, 우리가 함께 걸어갈 때면 사람들은 나를 보지 않고 니나만 쳐다본다. 니나는 나보다 훨씬 표정이 풍부한 얼굴을 하고 있기 때문이다.

그 얼굴 때문에 니나는 값비싼 대가를 치러야 했다. 나도 니나처럼 독일에 있으면서 전쟁을 겪었다면 달라졌을지도 모른다. 니나는 상대에게 결단을 요구하는 무서운 능력을 가지고 있다. 만일 내게 그만한 용기가 있다면 나는 당장 남편과 헤어지리라. 아무튼 니나는 그 이야기를 시작했다.

"몇 년 전 나는 한 신문사로부터 시골에서 연구를 하고 있는 학자 한 사람을 인터뷰해 달라는 요청을 받은 일이 있어. 내가 실험실을 찾아 갔을 때, 조수들은 내게 소장이 있는 곳을 가르쳐 주려고 하지 않았어. 오히려 날 이상한 눈으로 쳐다보았지. 난 할 수 없이 소장의 집으로 찾아갔어. 콩을 따고 있던 어린 하녀가, '교수님은 아무도 만나지 않습니다.' 하고 말했어. 내가 왜냐고 묻자 이미 4주째 아무도 그를 만나지 못했다는 거였어. 나는 다짜고짜 그 집으로 들어가 제일 가까운 방에 들어갔어. 그 곳은 아이의 방이었는데, 망가진 장난감과 그림책 따위로 마구 어지럽혀져 있었지. 교수는 그 방의 어린이용 의자에 앉아 있었어. 그에게서 말을 끌어낸 결과, 나는 그의 아내가 아이들을 데리고 떠났다는 것을 알게 되었어. 그는 어느 날인가부터 더 이상 아내를 안을 수 없게 된 거지. 그의 아내는 간호사처럼 분명하고 상냥하지만 남자에게 꿈을 줄 수 없는 타입이었어. 세상에는 그런 부류의 여자들이 많아."

"그래."

니나는 이야기를 계속했다.

"그 아내는 기다리고 또 기다렸지만 그것은 불가능했어. 꼬박 3년을 기다린 뒤 아내는 떠나고 말았지. 그 남자는 고통으로 인해 거의 폐인이 되다시피 했어."

"그래서? 중요한 얘기는 그게 아닌 것 같은데?"

"그래, 우린 함께 산책을 나섰어. 굉장히 더운 날이었지. 우리는 말라붙은 강줄기를 따라 걷고 있었어. 이윽고 큰 돌무더기가 쌓인 곳에 이르렀어. 그 곳에서 남자는 발을 멈추더니, 내게 자기를 도와주지 않겠느냐고 물었어."

그 때까지도 나는 니나의 말을 이해할 수 없었다.

"그는 자기가 다른 여자에게 가는 것을 스스로 허락하지 못하고 있었던 거야."

니나는 들릴락말락한 목소리로 말했으나 나는 이번에는 이해했다.

"그럼, 넌 순전히 연민 때문에 그걸 했단 말이니?"

"그래, 난 그렇게 했어."

내가 잠자코 있자 니나는 큰 소리로 말을 계속했다.

"거 봐, 내가 그랬지? 언니는 인생이 뭔지 진심으로 알려고 하지 않을 거라고."

"그래, 그게 그 사람에게 도움이 되었니?"

"그 남자는 희망에 부풀어 그의 아내에게로 돌아갔어. 그러나 결과는 전과 똑같았어. 그게 끝이야."

니나의 행동이 옳았다고 생각하게 된 것은 그 후 한참 더 시간이 지나서다.

우리는 서로 아무 말 없이 집으로 돌아왔다. 우리 사이에는 뭔가 무겁고 낯선 어떤 것이 끼여들어 있었다. 우리는 아까 읽었던 부분부터 다시 읽기 시작했다.

1933년 1월 15일

니나가 다시 왔다. 의논할 일로 나를 찾아오긴 했지만, 어쨌든 그녀가 도움을 청한 사람은 바로 나였다. 니나는 이따금 말끝에 나에 대한 호의와 따스함을 내비쳤다.

니나의 부드러움은 나뿐 아니라 다른 모든 사람에게 해당되는 것일 수도 있다. 아직은 믿기지 않으나 나는 긴장된 환희 속에 자신을 놓아 두고 싶었다. 너무도 길고 고통스럽던 기다림 끝에 찾아온 기쁨.

니나는 갑작스럽게 나를 찾아왔다. 마침 헬레네는 외출 중이었고, 창밖에는 눈이 내리고 있었다. 습관처럼 반복되는 일상과 스스로 떠안은 의무만이 내 생활의 전부였다. 나는 그 생활 속에 틀어박혀 있었다.

그런데 지금 니나가 내 집 앞에 서 있는 것이다. 우리가 함께 서재에 자리잡기 전까지도, 나는 니나가 돌아온 것을 믿을 수 없었다. 당연한 일이지만 니나는 많이 변해 있었다. 나는 니나에게 죽어 가던 할머니에 대해 물어 보았다.

"아, 그 분은 이미 유령이 다 되었지만, 죽지는 않았어요. 난 이미 일 년 반 동안이나 그 곳에서 살았어요. 빚은 조금 갚았지만, 여전히 그 곳에서 도망칠 수 없어요."

니나의 두 눈은 심한 피로감을 드러내고 있었다. 나는 수도 없이 편지로 썼다가 보내지 않은 내 계획을 말할 용기를 얻었다. 그것은 대충 이런 내용이었다.

'니나가 안고 있는 빚의 나머지를 일단 내가 갚아 주고, 노파를 돌볼 사람을 채용하며, 이 모든 비용은 니나가 상속할 집을 담보로 내가 빌려 준다.'

예상하지 못한 것은 아니지만 니나는 내 제의를 단번에 거절했다.

"난 그 모든 것을 팽개칠 수 없어요. 내가 만약 그 일로부터 도망친다면, 그런 나 자신을 용서할 수 없을 거예요.”

“하지만 니나, 그런 시골에서 노파를 돌보고 석유를 파는 일 따위는 당신이 할 일이 아니오.”

니나는 맑은 눈빛으로 나를 똑바로 쳐다보았다.

“내 일이 아니었다면 처음부터 그 곳에 가지도 않았을 거예요.”

운명에 대한 니나의 신념을 움직인다는 것은 불가능했다. 그렇지만 나로서는 니나가 잠든 노파 곁에서 버림받은 기분에 시달리지 않을 거라고는 상상할 수 없었다. 우리는 다시 일상적인 대화를 시작했지만, 어쩔 수 없는 침묵이 우리를 에워쌌다.

“사실은 의논드릴 일이 있어서 왔어요. 다른 사람에게는 말하고 싶지 않았어요.”

니나는 이 짧은 두 마디의 말이 내게 생의 의미를 되찾게 해 주었다고는 상상도 하지 못했을 것이다. 광적이고도 자기 포기에 가까운 황홀감이 나를 엄습했다. 그것은 생이 나에게 선물한 가장 신비스러운 순간이었다.

“폐결핵인 것 같아요.”

니나는 저녁이면 자주 미열에 시달린다고 했다. 니나는 뭔가 망설이는 듯하더니, 나를 외면한 채 말했다.

“전염된 것 같아요.”

분명 니나는 나에게 뭔가를 감추고 있었다. 나는 더 이상 묻기를 그만두었다. 그녀는 내가 ‘X레이를 찍어 봅시다’ 하고 말하기를 기다리고 있었는지도 모른다. 그러나 나는 그렇게 하지 못했다.

“내 친구인 브라운 박사는 폐결핵 전문의요. 그에게 연락을 해 둘 테니, 그를 한번 만나 봐요.”

내가 수화기를 들려고 하자 니나는 아주 낮은 목소리로 말했다.

"선생님, 난 선생님이 해 주실 거라고 믿었어요. 내게는 그 편이 더 좋으니까요."

"그건 내 전공이 아니라서……."

나는 회피하듯 대답했다.

"아직 분명한 건 아니에요. 선생님께서 먼저 진찰을 해 주시면……."

하지만 나는 수화기를 집어드느라고 니나의 말끝을 놓쳤다. 우리는 다음 날 아침 시간으로 약속을 잡았다. 니나는 고맙다고 말했지만, 어딘지 적의를 품고 있는 것처럼 느껴졌다. 나는 니나에게 어디서 묵을 건지 물어 보았다. 니나는 어머니한테로 가겠다고 했다.

"아직 시간이 이르군."

나는 고작 이렇게 덧붙였다. 순간 유혹과 경고를 동시에 나타내는 침묵의 공간이 둘 사이에 생겨났다. 우리는 긴장된 기분을 애써 감추며 서로를 바라보았다.

"조금은 시간 여유가 있어요."

니나는 두꺼운 털실로 짠 장갑을 만지작거리며 말했다. 그것을 본 순간 또 다른 연민이 나를 덮쳐 눌렀다. 나는 니나가 그 장갑을 잃어버리게 만들고 싶었다. 니나는 그런 내 시선을 의식하고 말했다.

"보기보단 따뜻해요."

그러더니 문득 이렇게 덧붙였다.

"난 오늘 꼭 시내에 가 보고 싶어요. 오랫동안 음악이 있는 찻집에 가 보지 못했거든요. 그런데, 왜 웃으시죠?"

니나는 전에 찻집에서 흘러나오는 음악 소리를 못견뎌했다. 내가 그 말을 해 주었더니 니나도 미소지었다. 나는 헬레네 앞으로 메모를 남겨 두었다.

'외출한다. 늦을지도 모르겠다.'

니나와 나는 공범자의 눈길을 주고받았다. 잃어버린 청춘의 유쾌한 입김이 내 곁을 스쳐 지나갔다. 거리를 걷는 동안 나는 경박함과 대담함이 뒤얽힌 일종의 도취 상태에 빠졌다. 눈이 내렸다. 아주 푸근하고 느릿하게. 마치 성탄절 같은 기분이었다.

나는 니나를 슈바르스벤더로 데려갔다. 니나는 걱정스러운 표정으로 내가 주문하는 것을 지켜보고 있었다. 식사를 하는 동안의 니나는 본능적으로는 안 되는 줄 알면서도 유혹에 이끌린 짐승을 연상시켰다.

이 페이지의 끝에는 거의 알아볼 수 없는 작은 글씨로 1938년 3월 2일이라고 적혀 있었다.

여러 해 동안 관찰해 온 결과 나는 무엇이 나의 본성인지 의심하게 되었다. 이성에 따라 행동하는 자아가 진짜 나인지, 아니면 니나가 곁에 있을 때마다 달라지는 예측하기 어렵고, 유혹적이며 폭력적인 사내가 진짜 나인지 알 수 없다.

그 양쪽 모두가 나의 참모습이라는 것을 인정하기까지는 놀랍게도 십년이라는 세월이 걸렸다. 너무 늦은 것이다. 말할 수 없는 비애와 악몽이 나를 고통으로 몰아넣는 밤에 생은 내게 복수한다.

다음 페이지에는 1933년 1월 15일의 일기가 다시 이어지고 있었다.

매혹의 순간들

니나는 술을 마구 마셔 댔다. 나는 니나의 몸짓이며 말투가 조금씩 흐트러지는 것을 지켜보았다. 벤하임의 일은 이미 먼 곳으로 사라지고 없었다. 니나는 이따금 나에게 미소를 보냈다.

그녀는 혼돈 속에서 무심히 나를 따라왔다. 거리에서 꽃을 파는 여자가 내게 장미를 사달라고 내밀었다. 나는 지난 십 년간 누군가에게 꽃을 선물해 본 일이 없었다. 나는 몹시 부끄러웠다. 그러나 그것은 굉장한 쾌감을 동반한 부끄러움이었다.

무표정하게 보고만 있던 니나도 막상 내가 꽃다발을 내밀자 어린애처럼 부끄러워했다.

매혹의 순간은 다시 찾아왔다. 니나의 눈동자는 감미로운 빛을 띠고 있었다. 나는 그 순간, 부드럽고 끈기 있는 공격을 감행해야 할 때라고 생각했다.

"니나, 그 유배지에서 돌아오면 무얼 할 생각이오?"

"글쎄요, 공부를 계속할 거예요. 그런 다음, 일을 해야죠. 어쩌면 글을 쓰게 될지도 모르겠어요."

"그 다음엔?"

니나는 어깨를 으쓱했다.

"그 다음엔……. 알 수 없지요."

문득 니나의 눈이 빛났다. 그리고 확신에 차서 말했다.

"그런 다음 난 살아갈 거예요."

"니나, 난 당신 또래의 여자들이 결혼에 대해 어떻게 생각하는지 무척 궁금합니다."

내 의도를 알아채지 못한 니나가 말했다.

"그런 건 생각해 본 적이 없어요. 어쨌든 난 결혼하지 않을 거니까 말이에요."

니나는 갑자기 무슨 결심이라도 한 듯 핸드백에서 종잇조각을 꺼내었다. 니나가 쓴 시였다. 이제껏 그녀는 자신이 쓴 것을 보여 준 적이 없었다. 나는 그 시가 마음에 들지 않을까 겁이 났다. 만일 시가 형편없다면? 나는 재능도 없는 여자를 사랑하는 자신을 용서할 수 있을까?

니나는 여기서 읽기를 중단했다.
"사랑을 재능으로 저울질하다니, 이건 좀 지나치구나."
"그렇지 않아."
니나가 갑자기 생기를 띠며 말했다.
"그 점에서 난 슈타인의 생각에 동의해. 생각해 봐. 내 시가 만약 감상적이고 싸구려려면 나의 내부에도 그런 기질이 있다는 얘기가 돼. 사람은 자기가 쓴 글과 똑같은 거야. 그걸 떼어서 생각할 수는 없어. 나 역시 아무 능력도 없는 사람을 사랑할 수는 없는걸. 좀 냉정하게 들릴지도 모르지만 말이야."
"그래, 잔인하게까지 들리는구나."
니나는 생각에 잠긴 얼굴로 나를 바라보았다.
"난 말이지, 이따금 내 재능을 저주했어. 결혼해서 아이를 낳고, 가구의 먼지를 털어 내는 그런 위험 부담이 없는 생활을 하고 싶었어. 그런데, 왜 웃어?"
"너를 비웃는 거야. 사실은 그럴 마음이 조금도 없으면서 말이야."
니나는 적의에 차서 말했다.
"언니는 내가 사는 일에 넌더리를 낸다는 생각은 안 해 봤어? 그래, 언니 말처럼 난 다르게 살 생각은 없어."
니나는 일기장에 얼굴을 푹 파묻었다. 니나는 한참 뒤에야 내게 일기장을 내밀었다.

나는 실망하지 않았다. 그것은 완성되지 않았지만, 그러나 진정한 시였다. 나는 지금 그 시의 처음과 마지막 구절만을 기억해 낼 수 있다. 니나는 그 시를 나에게 주려고 하지 않았다.

"이건 그다지 좋은 것이 못 돼요."

니나는 그렇게 말하더니 시가 적힌 종이를 찢어 버렸다. 다음은 내 기억에 남아 있는 구절들이다.

오, 이 한 번만은 나를 방해하지 말아다오.
오늘 숲 속에서 나를 따라온 본질만은.
그것은 내가 잠자코 어둠 속을 걸어갈 때
태고의 지식을 말없이 전하면서
눈을 크게 뜨고 기다리다 숲에서 뛰어나왔다.

그러나 그대들도 남을 방해하지 말아다오.
이 한 번만은, 한 번만은 방해하지 말아다오.
그대들이 내게서 예감하는 수줍은 본질만은.
……. 오, 그대들. 위대한 죽음으로 유혹하는 자들이여.

"아름다운 시로군. 그런데 왜 찢었소?"

"그건 이미 나와는 무관하니까요. 그건 이미 지나가 버린 뭔가를 말하고 있을 뿐이에요."

니나는 종잇조각을 뭉쳐서 핸드백 속에 넣었다.

"이젠 이해하셨어요? 내가 왜 혼자 있고 싶어하는지를. 사람에겐 그처럼 많은 고독이 필요한 법이지요. 당신은 그렇지 않은가요?"

"나는 이미 너무 많은 고독을 가지고 있소. 오히려 지나치게 많아서 탈이지."

니나가 입술을 깨물며 생각에 잠기자 나는 불안해졌다. 니나는 요정 같은 여자다.

유혹적이면서도 천진난만하고, 본능적으로 모든 것을 알고 있다. 나는 이 여자에게 가까이 접근하는 일조차 불가능하다. 내가 생각에 잠겨 있는 동안 나는 문득 니나의 시선을 느꼈다.

"미안해요."

니나는 낮게 말했다.

"뭘 말이오?"

"모든 게 다요. ……. 특히, 당신이 그처럼 고독하신 것 말이에요."

니나의 눈에 떠오른 우수는 그녀가 나를 이해하고 있으나, 도와줄 수는 없음을 말하고 있었다. 우리는 한동안 연민을 가지고 서로를 바라보았다. 나는 니나를 그녀 어머니의 집까지 바래다 주었다.

다음 날 나는 강의를 일찍 끝내고 곧바로 집으로 갔다. 조금 후에 니나가 왔다. 그녀는 막차를 타려면 15분밖에 남지 않았다고 말했다. 내가 벤하임까지 데려다 주겠다고 했으나, 니나는 거절했다. 그러면서 폐에는 아무런 이상이 없다는 결과가 나왔다고 빠르게 보고했다.

나는 니나를 겨우 기차역까지 데려다 줄 수 있었다. 역까지 가는 동안 우리는 거의 아무런 대화도 나누지 않았다. 앞을 분간하기 힘든 눈보라에 온통 주의력을 빼앗겼기 때문이다.

"편지 드릴게요."

니나는 곧 내 시야에서 멀어져 갔다. 니나는 자신이 나를 사랑하지 않는다는 것을 너무도 분명하게 표현했다. 니나는 아직 사랑을 모른다. 니나는 곧 그것을 배우게 될 것이다. 그리고 언젠가는 나를 사랑하게 될지도 모른다.

1933년 1월 18일

나는 맹목적인 소년들처럼 니나와 결혼하기를 원했다. 나는 어느 단계까지 추락할 것인가? 지금까지 내가 믿어온 지성은 한낱 생의 기만에 불과했던가?

나는 어찌하여 니나와의 아름다운 우정에 만족하지 못하는가? 모르긴 해도 우리 사이에 그 정도의 우정은 가능할 것이다. 그러나 나는 이미 자신을 다스리는 힘을 잃었다. 파괴는 승리에 넘쳐서 행진을 계속하고 있다. 나는 나 자신이 부끄러울 뿐이다.

니나의 편지

1933년 1월 25일
마침내 니나에게서 편지가 왔다.

1933년 1월 23일
슈타인 박사님께.

저는 지난 몇 달 동안 공적인 편지만 써 왔기 때문에 이런 편지를 쓰기가 무척 힘듭니다. 당신은 제게 고독을 이야기했고, 저는 그 점을 유감스러워한다고 했었지요. 어떻게 들렸는지 모르겠지만, 저로서는 진심이었답니다.

지난 번 찾아뵈었을 때 저는 당신에게 드릴 말씀이 많았어요. 하지만 저는 곧 그것이 얼마나 부질없는 짓인가를 깨달았어요. 사람은 결코 자기 자신에 관해 말해서는 안 됩니다. 설령 누군가에게 마음을 털어놓았다고 해서 그와 가까워졌다고 믿는 것은 환상입니다. 우리가 누군가와 가까워지기 위해서는 차라리 침묵 속의 공감이라는 방법을 택하는 것이 나을 것 같습니다. 그러나 당신과 저는 그런 공감을 갖고 있지 못하고, 앞으로도 가질 수 없겠지요. 당신은 저보다 나이가 많고, 또 현명하십니다. 그러나 저는 당신 곁에 있으면 부자유를 느낍니다. 당신은 저를 제가 원하지 않는 방향으로 이끌며, 성숙한 여자만이 가질 수 있는 결단을 요구합니다. 저는 아직 저 자신을 알지 못합니다. 이상하게 들리시겠지만, 그건 사실입니다. 솔직하게 말씀드려서 저에게는 글을 쓰겠다는 욕망 외에는 아무것도 없습니다. 당신은 제가 어떻게 죽어 가는 할머니와 식초통 사이에서 견딜 수 있을까 궁금하겠지요. 아마 제가 모든 것에 무관심하지 않았다면 그것은 불가능했을 것입니다. 저는 외부와 단절된 세계에서 살고 있습니다. 이러한 제 세계에 유일하게 발을 들여놓도록 허락하는 사람이 있다면 그것은 바로 당신입니다. 그러나 전 그것을 허락하지 않겠습니다.

제가 폐결핵에 전염된 것 같다고 말씀드린 적이 있지요? 그럴 가능성은 계속되고 있어요. 전 거의 매일 어떤 폐결핵 환자와 함께 지내고 있습니다. 그는 가난한 신학도로서 자신의 죽음을 예감하고 있답니다. 그는 이따금 저에게 키스를 했습니다. 나의 거부를 눈치 챈 그는 자신에게서 죽음의 냄새가 나니까 내가 포기하려는 거라고 말하더군요. 결국 나는 그가 하는 대로 내버려 두었습니다. 제가 당신께 묻고 싶은 것은 어떻게 하면 전염을 피할 수 있는가 하는 것입니다.

저는 처음부터 그에게 가는 것을 그만두어야 했지만, 그는 저를 만나는 희망으로 살아가고 있습니다. 구원에 넘친 거짓과 가혹한 진실 중에 어느 편이 나을까요? 하지만 언젠가는 이 문제에 대해서 진실을 말해야 하리란 걸 알고 있어요. 인간은 어쩌면 비밀 없이는 살아갈 수 없는 존재인지도 모르겠습니다. 이 모든 것에 대해서 당신과 이야기를 나누고 싶습니다. 편지가 너무 길어졌군요. 이 편지를 찢어 버리고 싶지만 그렇게는 하지 않겠어요. 편지 드리겠다는 약속을 했고, 또 두 번째 편지는 불가능하니까요.

니나 올림

편지의 뒷면에는 슈타인의 글씨로 짤막한 메모가 되어 있었다.

몇 년 후 니나는 그 신학생을 다시 만났는데, 병이 완쾌된 그는 신부가 되어 있었다고 했다. 니나는 아무도 그가 그런 시련을 겪었으리라고 짐작도 못 할 거라고 말했다. 그 말을 하는 니나의 태도는 비웃음보다도 가혹한 느낌을 주었다.

사진 속의 남자

니나는 하품을 하고는 말했다.

"까맣게 잊고 있었어. 그보다 난 지금 너무 피곤해. 언니도 눈 좀 붙여야지."

니나와 나는 옆집의 베르트람 부인에게 가서 긴 의자를 빌려 왔다.

"부슈만 부인이 이사를 가다니, 너무 섭섭해요. 난 그 때 당신이 비바람을 뚫고 약을 사다 준 일을 잊지 못할 거예요."

"아주머니는 언제든 제가 힘들 때마다 들장미차를 끓여 주며 위로해 주셨잖아요."

노부인은 내게 자기 집 객실을 내주고 싶어했으나, 니나는 그것을 거절했다.

니나는 긴 의자를 서로 마주보게 놓았다. 그리고는 불을 껐다. 우리는 어둠 속에 나란히 누워서 야간 열차가 지나가는 소리와 거리 위를 지나가는 봄바람 소리를 들었다.

"언니, 자?"

"아니."

"대부분의 사람들은 말이야, 운명을 갖고 있지 않아. 그들이 원하지 않으니까. 그들은 한 번의 엄청난 충격보다는 백 번의 사소한 충격을 받아들이길 원하지. 그러나 아무도 큰 충격만이 우리를 앞으로 끌고 간다는 걸 몰라."

"그래."

나는 간신히 졸음을 참으며 대꾸했다. 한밤중에 나는 잠에서 깨어났다. 니나가 스탠드를 헝겊으로 가리고 무엇인가를 하고 있었다. 의자 위에 놓인 깡통에 사진 한 장이 기대어 세워져 있었다. 나는 처음 사진 속의 인물이 니나라고 생각했는데, 니나가 몸을 움직였을 때, 곧 내가 본 것은 사진틀의 유리에 비친 니나의 그림자라는 것을 알았다.

내가 소리를 냈던 모양이다. 니나는 얼굴을 찌푸리고 나를 돌아보았다. 나는 재빨리 잠든 척해야 했다.

잠시 후, 내가 눈을 가늘게 뜨고 니나를 살펴보았을 때, 니나는 여전히 깡통 위의 사진을 보고 있었다. 넓적하고 어딘지 모를 독특한 느낌을 주는 남자의 사진이었다. 니나는 자신의 얼굴을 사진 속의 얼굴로 가져가더니 둘을 서로 포갰다. 눈과 눈, 입과 입이 서로에게 녹아들어 완벽한 하나가 되었다. 나는 니나의 그런 행동이 전혀 이상하게 생각되지 않았다. 단지 니나가 찬바람이 들어오는 것도 느끼지 못한 채 잠옷 바람으로 앉아 있는 것이 걱정되었다.

이윽고 니나는 아주 조심스럽게 사진을 부드러운 천에 싸더니 가방에 집어 넣었다. 그 동작이 얼마나 절망적이던지 나는 몹시 마음이 아팠다.

그런 다음 니나는 불을 껐으나, 밤새 잠을 이루지 못하는 듯했다. 나는 니나에게 말을 걸어 볼까 하는 생각도 했으나, 방해하지 않았다. 니나는 그 남자와 단둘이 있기를 원했던 것이다.

내가 일어났을 때는 아침 8시였다. 엷고 푸른빛의 안개 사이로 햇빛이 비쳐들고 있었다. 니나는 스탠드를 켜 놓은 채 잠들어 있었다. 연필이 굴러 떨어져 있는 것을 보니, 밤새 무언가를 쓰다가 잠이 든 모양이었다.

나는 가만히 일어나 창가로 갔다. 그 곳에서는 니나와 거리가 동시에 바라다보였다. 희뿌연 아침 햇살 속에 드러난 니나의 방은 마치 대합실처럼 쓸쓸해 보였다. 이 집도 전에는 분명 멋지고 아름다운 공간이었을 것이다. 옷 입는 스타일을 보면 알 수 있다. 니나 같은 여자는 자기 집을 멋지게 꾸밀 줄 아는 법이다. 그러나 한순간 그 모든 것에 흥미를 잃기도 한다.

니나는 무슨 일이든 그것을 움켜쥐려는 타입은 아니다. 니나에게는 집시의 기질이 있다. 그와 함께 고향 잃은 사람의 우수와 야생적인 자유를 가지고 있다. 나는 니나를 바라보며 나도 모르게 중얼거렸다. ……. 가득 차게 살고 있는 생!

나는 활기찬 아침 거리를 내려다보았다. 그러자 이상한 우울이 나를 사로잡았다. 사람들은 저렇듯 매일 새로운 희망을 안고 하루하루를 맞이한다. 매일매일의 의미 없는 반복. 그렇다면 나는 어떤가? 나는 특별한 위험도 없는, 남들이 부러워할 만한 삶을 살고 있다. 하지만 이젠 더 이상 그것이 싫었다.

나는 고개를 돌려 니나를 바라보았다. 니나는 아직도 잠에서 깨어나지 못하고 있었다. 니나는 자기가 원하는 모든 것——재능과 열정과 한 남자를 가지고 있다. 나는 간밤에 보았던 장면이 머릿속에서 떠나지를 않았다. 그것은 격렬한 침묵의 열정, 끔찍한 자기 억제였다. 나는 자신보다도 더 그 남자를 사랑하고 있는 니나에게 질투를 느꼈다.

그 때 갑자기 니나가 눈을 떴다. 뜻밖에도 멀쩡한 얼굴이었다.

"지금 몇 시야?"

니나가 물었다.

"아직 일곱 시 반이야."

나는 거짓말을 했다. 벌써 아홉 시였다. 니나는 몸을 일으키더니 창밖을 내다보았다. 그리고는 다행이라는 듯이 한숨을 쉬고는 바닥에서 노트를 집어들었다.

"이런, 너무 오랫동안 잤네. 어쩌지? 오늘 중으로 단편 하나를 써 주기로 했는데. 제대로 된 건지 모르겠어. 샤워하는 동안, 좀 봐 줄래?"

그러나 니나는 무슨 말인가를 중얼거리다가 그대로 잠들어 버렸다. 니나는 피로와 절망, 이별의 고통에도 불구하고 스스로와의 약속을 지켜낸 것이다. 나는 니나가 쓴 글을 읽기 시작했다.

1945년 4월 22일, 한나는 그녀가 체포되기 전에 살았던 지방의 경계선에 다다랐다. 그러나 그녀는 여전히 고향에서 30킬로미터나 떨어진 곳에 있었다. 봄이었고, 만개한 꽃잎들 사이로 부드럽고 따뜻한 비가 내리고 있었다. 그러나 어딘지 모르게 쓸쓸해 보였다. 사방을 둘러보아도 한나 자신 외에는 사람의 그림자도 보이지 않았다.

어두워지면서 빗줄기가 굵어졌다. 그녀는 이미 속옷까지 젖어 있었다. 외투도 없이 하루 종일 빗속을 걸어왔던 것이다. 게다가 구두는 너무 헐거웠고, 투박한 형무소 양말은 길 떠나온 첫날에 이미 그녀의 발뒤꿈치를 짓무르게 만들었다.

그녀는 닷새 동안이나 계속 걷고 있었다. 4월 17일 새벽, 날이 채 밝기도 전에 모든 감방의 문이 열렸다. 여간수들, 형무소장, 관리인들, 그 밖에 몇 명의 죄수와 게슈타포들이 미친 듯이 왔다갔다하고 있었다.

죄수들은 늘 하던 대로 대열을 짓고 마당에 집합했으나, 줄이 똑바로 서졌는지에 대해서는 누구 하나 신경을 쓰지 않았다. 아직 잠이 덜 깬 데다 절망에 익숙해 있던 죄수들은 잠자코 서 있었다.

정문 양편에 전등이 하나씩 켜져 있었다. 눈이 아플 정도로 강렬한 빛이 4백 명의 여자 죄수들을 비추고 있었다.

"누가 또 도망친 거야?"

누군가 낮게 중얼거렸다. 그러나 대꾸하는 사람은 아무도 없었다.

한나는 간밤에 멀리서 들려오는 대포 소리를 들었다. 아마 전선에서 들려오는 총소리거나, 아니면 단순한 포탄의 울림이었으리라. 그런데 지금 새벽의 미명 속에서 한나는 다시 그 소리를 들었다.

죄수들을 이른 새벽 집합시킨 것이 이동을 위한 것인지, 아니면 석방 시켜 주기 위해서인지 그들로서는 알 수가 없었다. 누구도 그들에게 얘기해 주지 않았던 것이다. 그들은 이미 더 이상 아무것도 믿지 않았다.

그 때 갑자기 안에서 소장이 나왔다. 구두의 한쪽 끈이 풀린 채로 그가 입을 열었다.

"적은 50킬로 밖까지 와 있다. 나는 여러분을 석방하겠다."

그는 지금까지 '이 더러운 것들' 아니면 '상것들' 이라는 말밖에 쓴 일이 없었다. 그러던 것이 어느 새 '여러분' 으로 변해 있었다.

"나는 여러분에게 각자의 물건을 돌려주겠다. 물건을 받을 때까지 기다리기 바란다. 그리고 한 사람 앞에 밀빵 한 개와 감자 네 개씩을 주겠다. 그걸 받고 될 수 있는 한 빨리 이 곳을 떠나 주기 바란다."

그러나 아무도 움직이려 하지 않았다. 너무나 뜻밖이었다. 그것은 느닷없이 닥쳐왔고, 어느 누구도 구원에 대한 기대를 버린 지 오래였다.

그들은 각자 석방 증명서를 받아 쥐고 나서도 한동안 움직일 줄 몰랐다. 여간수들이 옷과 빵이 든 광주리를 가지고 왔을 때에야 모두들 한꺼번에 떠들어 대기 시작했다.

"이렇게 되니까 저것들이 우릴 내보내는군."

한 여자가 말했다.

"이젠 집으로 갈 수도 없고, 더 이상 기차도 다니지 않게 되니까 말이야. 서쪽에는 미군이 있고, 동쪽에는 소련군이 들이닥치고 있는데."

"그 사이로는 나치 친위대와 게슈타포와 함께 독일놈들이 있고."

"그리고 늑대들은?"

"아, 그놈들은 이제 더 이상 물 수가 없어. 그 작자들부터 공포에 떨고 있으니까."

잠시 침묵이 이어졌다. 그 순간 그들은 비로소 자신들의 운명이 무섭게 뒤바뀐 것을 이해했다. 나치는 두려워하고 있었다. 이 생각이 마치 벼락처럼 둔해진 그들의 뇌리에 일격을 가했다. 소란은 다시 이어졌다. 몇 명의 소녀 형사범들이 악을 쓰며 울어 대기 시작했다.

"이제 우리는 어디로 가야 하지? 우린 돌아갈 집도 없어. 여기라면 머리를 가려 줄 지붕이라도 있지. 들판에서 잘 수는 없는 노릇 아니겠어?"

그러나 그들의 말에 귀를 기울이는 사람은 아무도 없었다. 모두들 자기 옷을 찾기에 분주했다. 옷마다 일련 번호가 적혀 있어서 일은 비교적 질서 있게 진행되었다. 자기 옷을 받은 사람들은 마당에서 재빨리 옷을 갈아입었다. 그들은 입고 있던 죄수복——누더기가 된 회색 치마와 몇 주일째 빨지 않은 속옷을 아무렇게나 벗어던졌다.

그 때까지 차례를 기다리고 있던 죄수들은 다른 죄수들이 그 냄새 나는 죄수복을 벗어던지는 것을 보자 갑자기 이성을 잃었다. 누가 먼저랄

것도 없이 그들은 미친 듯이 달려들어 스웨터, 구두, 양말 등을 끄집어 내기 시작했다. 그들은 서로 먼저 하려고 할퀴고 깨물고 악을 써 댔다. 여간수들이 주먹을 휘둘렀으나 아무 소용이 없었다.

그 때 한 명의 경관이 느릿느릿 다가와 젊은 나치 대원에게 눈짓을 하더니 대수롭지 않게 내뱉었다.

"쏴 버려. 저것들이 겁을 먹게."

그 젊은 대원이 공포를 한 방 쏘았다. 한순간 조용해졌으나 이내 소란해졌다. 바로 그 때 한나 바로 옆에 있던 노파가 총소리에 놀라 쓰러졌다. 공포가 이 늙은 여자를 죽게 만든 것이다. 한나는 비명을 질렀으나 아무도 눈여겨 보지 않았다. 그녀를 지켜보던 나치 대원은 나직하게 내뱉었다.

"입 닥쳐. 그렇지 않으면 살아서 못 나갈 줄 알아."

그는 죽은 노파의 팔에 잡아끌더니, 마당을 가로질러 지하실로 들어 갔다. 경관들은 그쪽을 쳐다보려고도 하지 않았다. 한나도 더 이상 볼 수가 없었다. 갑자기 소장이 날카롭게 호루라기를 불더니, 5분 이내에 사라지라고 외쳤기 때문이다.

한나는 구두 한 켤레를 받았으나, 그것은 지나치게 컸다. 양말은 하나도 남은 것이 없어 그녀는 죄수 양말을 그대로 신어야 했다. 다행히 자기가 입던 옷을 돌려받았으나, 코트는 남아 있지 않았다. 다섯 시가 조금 지나서 육중한 철문이 열렸다. 감자를 주머니에 넣은 여자들은 문 앞에서 잠깐 머뭇거리다가, 이내 우르르 쫓겨 나왔다.

정문은 그들이 나온 뒤에도 다시 닫히지 않았다. 한나는 일행의 맨 뒤에서 걸어가고 있는 여자들 무리에 끼어 있었다. 정치범들은 조금도 서두르지 않았다. 도시는 아직 잠들어 있다. 재빠른 걸음으로 흩어져 가는 여자들의 발소리만이 정적을 깨우고 있었다. 여덟 명의 정치범들도 잠자코 앞을 향해 걸어갔다. 그들은 시 바깥의 언덕에 이르러서야 비로소 걸음을 멈추었다.

"이젠 모두 어쩔 작정이야?"

한나가 입을 열었다.

"우리에겐 돈도 없고, 게다가 기차도 다니지 않아. 난 걸어서 집까지 가겠어. 여기서 80킬로 정도 돼. 나랑 함께 갈 사람은 가도 좋아."

8명 중 두 명은 시 근처에 집이 있었다. 다른 둘은 라인 강변 쪽이었고, 나머지 두 사람은 북쪽이었다. 지금 서쪽과 북쪽은 한창 교전 중일 것이다. 그래도 서쪽에서 온 두 사람은 전선을 통과해 집으로 돌아가겠다고 고집했다. 누군가가 총에 맞을지도 모른다고 했으나, 그들은 어깨를 으쓱했을 뿐이었다. 이미 그들에게 죽음 따위는 아무런 의미가 없었다. 그들은 포성이 나는 쪽을 향해 서둘러 걸음을 옮기기 시작했다.

"바보들 같으니라고. 무사히 집까지 갈 수 있을까?"

한 여자가 중얼거리자, 누군가가 갑자기 울음을 터뜨렸다.

"우린? 우린 이제 어떻게 되는 거지?"

한나가 말했다.

"자, 출발하자. 우린 전쟁과 시합하고 있는 셈이야."

두 사람은 증오에 가득 차서 잠시 뒤돌아보았다. 한나는 그들을 끌고 계속 앞으로 나아갔다.

"이미 다 지나간 일이야. 게다가 우린 이렇게 살아 있잖아."

한나의 말에 다른 두 사람은 다시 울음을 터뜨렸다. 그들은 형무소에서는 한 번도 운 일이 없었다. 그 몇 달 동안 여덟 명 중 운 사람은 아무도 없었다. 한나는 천천히 말했다.

"그리고 빵들이나 먹어 둬. 먹지 않으면 끝까지 견디지 못해."

그들은 눈물을 참느라 애쓰며 말했다.

"만약 나치가 우릴 찾아내면 어떡하지?"

"우린 이제 자유야."

한나가 소리치며 말했다.

"게다가 석방 증명서도 갖고 있잖아."

그러나 그들은 숲 속에 웅크리고 앉아 빵을 먹을 것을 고집했다. 길을 갈 때도 기를 쓰고 좁다란 들길로만 가려고 했다. 그들은 첫날 밤을 늪 지대에 있는 오두막의 짚더미 위에서 보냈고, 두 번째 밤은 벽돌이 나뒹구는 끊어진 선로 위의 화물 열차 안에서 보냈다.

다음 날은 아침부터 비가 내렸다. 그들은 가지고 있던 마지막 남은 빵을 다 먹었다. 그날 저녁, 그 중 한 사람이 정신을 잃었다. 육십이 넘은 할머니였다. 한나는 외딴 농가에 가서 먹을 것을 구걸하기로 했다. 그러나 그 집에는 이미 사람들이 가득 차 있었다. 그들은 본대를 떠난 나치 전투 대원들로, 중무장을 하고 있었다.

몸을 떨며 문간으로 나온 농부의 아내는 앞치마 가득 감자와 무를 꺼내 주며, 한나를 재빨리 마당으로 내몰았다.

"저쪽으로 가보세요. 수녀원이라면, 당신들을 받아 줄지도 몰라요."

그녀는 한나의 등 뒤에서 급하게 문을 닫아 버렸다.

그 할머니는 한 발짝도 걸을 수가 없었다. 그들은 자정 무렵이 되어서야 간신히 산꼭대기에 있는 수녀원에 도착했다. 그러나 수녀원에서는 아무도 문을 열어 주지 않았다. 그들은 나무 광을 발견하고, 그곳에서 하룻밤을 지냈다. 그들은 아침에 다시 한 번 수녀원 문을 두드렸다. 한참 만에야 작은 창문으로 날카로운 시선이 번득이더니, 이윽고 문이 열렸다. 수녀들은 의심스러운 듯 세 여자를 바라보았다. 더럽고 지친 일행은 충분히 수녀들의 의심을 살 만했다. 다행히 수녀들은 할머니와 발가락이 곪아터진 다른 한 명의 여자를 받아 주었다.

3일째 되던 날, 한나는 혼자서 길을 떠났다. 그녀는 이정표를 보고 이제 겨우 30킬로밖에 오지 못했음을 알았다. 그녀의 발은 물집투성이였고, 먹을 빵도 없었다.

6일 만에 한나는 고향 마을의 경계선에 도착했다. 4월 25일, 한나는 언덕 위에 서서 자신의 집을 내려다보았다. 그녀의 집은 마을에서 꽤 떨어진 곳에 자리잡고 있었다. 어쨌든 한나는 집에 돌아온 것이다.

5월 3일 새벽, 한나는 여러 대의 트럭이 지나가는 소리를 들었다. 나치의 트럭이었다. 그들은 살인적인 속력으로 좁은 길을 달려갔다. 그들은 도망치고 있었다. 사흘 동안이나 꼬리를 물고 이어지던 자동차 행렬이 갑자기 뚝 끊어지더니, 5월 6일에는 아주 조용해졌다. 총소리도 들리지 않았고, 더 이상 폭격기도 날아가지 않았다.

5월 7일 드디어 전쟁은 끝이 났다. 한나의 집 앞을 지나가던 패잔병들이 계속해서 빵과 물을 구걸했다. 찢어진 옷에 비쩍 마른 그들은 이 전쟁에서 진 것을 수치스러워하고 있었다. 그들이 바라는 유일한 소망은 어서 집으로 돌아가는 것뿐이었다. 한나는 으레 그들에게 그녀가 가진 전부인 홍차나 수프를 끓여 주었다.

5월 말의 어느 날 밤, 다시 문 두드리는 소리가 났다. 한나는 그 소리를 들을 때마다 흠칫 놀라곤 했다. 그녀는 아직 자기가 자유로운 몸이라는 사실에 안심할 수 없었고, 공포의 습관에서 쉽게 벗어나기도 어려웠다. 그러나 그녀는 결심을 하고 문을 열었다. 문 밖에는 두 명의 병사가 서 있었다. 그 중 하나는 아주 어려 보였는데, 채 열여덟 살도 되지 않은 것 같았다. 다른 한 사람은 길게 자란 수염 탓에 아주 늙어 보였다. 그들은 자신들을 위해 나무광에 잠자리를 마련해 줄 수 없느냐고 물었다.

"우린 더 이상 걸을 수가 없습니다."

나이든 남자가 심하게 몸을 비틀거렸다. 소년이 그를 부축하는 것을 보며 한나는 그가 매우 아프다는 것을 직감했다. 한나는 망설이지 않고 그들을 들어오게 했다.

자정 무렵이었다. 안으로 들어온 남자는 그만 부엌바닥 한가운데에 쓰러지고 말았다. 한나와 소년은 그를 일으켜 세울 만한 힘이 없었다. 하는 수 없이 그가 깨어날 때까지 기다려야 했다.

"어디가 아픈가요?"

한나의 물음에 소년은 눈을 내리깔며 말했다.

"잘 모르겠어요."

"어디가 아픈지 아무 말도 못 들었단 말예요?"

한나는 갑자기 초조해져서 소리쳤다. 소년은 고집스럽게 고개를 내저었다.

"아마 너무 굶어서 그런지도 모르겠군요."

한나의 말에 소년의 얼굴이 문득 붉어졌다. 소년이 재빨리 고개를 돌렸으나, 한나는 그의 목과 귀가 붉어진 것을 보았다. 그러나 의아하게 여길 틈도 없었다. 바로 그 순간, 그 남자가 의식을 되찾은 것이다. 소년은 당황한 표정으로 그를 바라보았고, 순간 둘의 시선이 얽혔다.

한나는 얼른 고개를 돌렸다. 아마 자기와 상관없는 무언의 대화에 증인이 되고 싶지 않았는지도 모른다. 그녀는 자신에게 주어진 의무만을 다하고 싶었다. 그녀에게 있어서의 의무란 단지 아픈 사람을 돌보는 것뿐이었다. 한나는 얼른 불을 피우고 물을 올렸다. 그런 다음 프라이팬에 오트밀 가루를 볶았다. 두 남자는 말없이 식탁으로 와서 앉았다.

"남아 있는 것이라곤 이게 다예요."

그녀의 말에 소년이 갑자기 생기를 띠며 말했다.

"우리한테 먹을 게 있어요."

그 때 갑자기 남자가 다시 쓰러졌다. 한나는 놀라서 소년을 다그쳤다.

"답답하군요. 내가 도대체 어떻게 해 주길 바라는 거예요? 이 사람이 어디가 아픈지도 모르는데, 내가 무슨 도움이 될 수 있겠어요?"

소년은 알아들을 수 없게 뭐라고 중얼거렸다. 그녀가 재차 다그치자 소년은 기어드는 목소리로 말했다.

"패혈증이에요."

"어디가요? 더 늦기 전에 어서 말해요."

그러나 소년은 단지 그녀에게 절망적인 시선을 한번 던졌을 뿐이었다. 한나는 더욱 화가 치밀었다. 그녀는 참지 못하고 소리쳤다.

"얘기하지 않을 거면 당장 여기서 나가세요."

소년은 두려움에 가득 찬 눈빛으로 쓰러져 있는 남자를 보더니 간신히 말했다.

"왼쪽 팔이에요."

"알았어요. 이젠 날 좀 도와줘요. 먼저 이 사람 웃옷을 벗기세요."

그러자 소년은 그것만은 안 된다며 그녀의 앞을 막고 나섰다. 한나는 몹시 화나고 지친 목소리로 말했다.

"좋을 대로 해요. 그는 곧 죽고 말 테니까."

그제서야 소년은 비켜났다. 한나는 남자의 군복 윗도리를 벗겼다. 문득 군복이 너무 고급스런 천으로 만들어진 것이 이상했다. 셔츠는 팔에 달라붙어 떨어지지 않았다. 한나는 그 부분을 잘라 내고, 상처를 잡아맸던 손수건을 풀었다. 상처는 심하게 곪아 있었고, 그 밑으로 붉은 피가 흘러나오고 있었다.

"대체 어떻게 된 거예요?"

한나는 너무 놀라서 물었다. 잠자코 장화 끝을 내려다보고 있던 소년은 결국 울음을 터뜨렸다.

"어쩔 수가 없었어요. 저 사람이 나에게 그렇게 해 달라고 했어요. 안 그러면 쏴 버리겠다고 하면서. 난 칼을 불에 달구어 아주 조심스럽게 했지만, 결국 이렇게 돼 버렸어요. 하지만 내 잘못은 아니에요."

한나는 소년의 말을 이해하려고 애쓰며 물었다.

"당신이 대체 무엇을 도려 냈단 말이에요?"

"그건 나치 당원들의 표시였어요. 그들은 모두 팔뚝에 혈액형 표시를 갖고 있어요. 만약 적에게 발각당하면 그들은 모두 그 자리에서 죽거든요."

소년은 울음을 멈추려고 애썼으나 눈물은 쉬지 않고 흘러내렸다.

"그럼 넌?"

한나는 갑자기 그가 너무 어린애처럼 느껴져서 물었다.

"난 없어요. 전쟁이 끝나기 직전 마지막 주에 입대했거든요. 우리한 텐 그런 게 없어요."

한나는 쓰러져 있는 남자 곁에 무릎을 꿇고 앉아, 주의 깊게 얼굴을 들여다보며 말했다.

"의사한테 데리고 가요. 교회 옆에 살고 있으니까."

소년은 절망적으로 고개를 내저었다.

"그건 안 돼요. 차라리 죽어 버리는 편이 나아요."

한나는 한순간도 더 머뭇거릴 수가 없었다.

"알았어요. 하지만 난 의사는 아니에요. 만약 이 사람이 죽게 되어도 어쩔 수 없는 일이에요."

소년은 애원하듯 그녀를 바라보았다. 한나는 끓인 물과 솜, 불에 달군 작고 날카로운 칼을 준비했다. 소년에게 남자를 꽉 붙들고 있으라고 한 다음, 그녀는 상처 부위에 칼을 들이대었다. 소년이 참지 못하고 구역질을 했다. 한나는 그에게 잠시 밖으로 나가 있으라고 말했다. 그녀가 상처를 치료한 일은 이번이 처음은 아니었다. 그녀는 형무소에 있을 때 이것을 배웠다.

그녀가 한참 치료를 하고 있을 때, 정신을 차린 남자가 거칠게 사방을 둘러보았다.

"움직이지 말아요. 치료 중이니까."

남자는 놀란 듯 한나의 말을 순순히 따랐다.

"부상을 당했지요."

남자가 낮게 말했다.

"내게 거짓말할 필요는 없어요. 적어도 눈에 보이는 것 정도는 아니까요. 그러니 제발 잠자코 있어요."

소년이 창백하게 질린 얼굴로 돌아왔을 때, 남자는 이미 이불까지 덮은 채 긴 소파 위에 누워 있었다. 두 사람의 시선이 부딪쳤다.

한나는 밖으로 나왔다. 그녀는 몹시 혼란스러워서 달리 행동을 취할 방도가 떠오르지 않았다. 그녀가 다시 부엌으로 돌아왔을 때, 두 사람이 다투는 소리가 들려왔다.

"저 여자한테 네가 말했지?"

"아녜요. 저 여자가 직접 눈으로 봤어요."

소년이 애원하듯이 대꾸했다. 그 때 한나가 끼어들었다.

"그건 이제 아무래도 상관없는 일이에요. 당신들은 걱정하지 않아도 돼요. 최소한 내 앞에서는."

"그럼 당신은, 우리 편이었소?"

남자가 목소리에 가느다란 희망을 실어 물었다.

"천만에요."

한나는 큰 소리로 말했다.

"난 형무소에서 풀려난 지 6주일밖에 안 됐어요. 우린 당신들의 적이었으니까."

"아!"

소년은 입을 벌린 채 멍하니 그녀를 바라보았다.

"그게 사실이오?"

남자의 질문에 한나는 대답하지 않았다. 대신 소년을 바라보며 말했다.

"넌 이제 나무광으로 가라. 덮을 건 가지고 있을 테지? 그리고 당신은 당분간 여기 누워 있어요. 열을 살펴봐야 하니까."

소년은 말없이 밖으로 나갔다. 이제 한나는 그 남자와 단둘이 남게 되었다.

한나는 식탁 옆에 앉아서 책을 읽었다. 이따금 그녀는 주의 깊게 남자를 살펴보았고, 그는 말없이 그 시선에 답했다. 그는 새벽녘에야 겨우 잠이 들었다. 몇 시간 후 한나는 상처를 살펴보기 위해 그를 깨웠다. 출혈은 어느 정도 멈추어 있었다. 그녀가 말했다.

"이제 당신도 나무광으로 가세요. 거기까지 당신을 찾으러 올 사람은 없을 거예요. 그리고 걸을 수 있게 되는 대로 여길 떠나 주세요."

밖으로 나가면서 그는 한나를 쳐다보지 않았다. 한나는 그가 톱밥이 깔린 어두운 구석에다 자리를 마련하는 것을 도와주었다.

두 사람은 사흘 동안 그 곳에 머물렀다. 그들의 존재를 눈치챈 사람은 아무도 없었다. 나흘째 되던 날 나무를 가지러 가 보니 그들은 떠나고 없었다. 구석에 나머지 식량이 놓여 있었고, 그 옆에 쪽지 한 장이 있었다.

'감사합니다. 친위대 상급 소대장 한스 메르크'

한나는 그 쪽지를 바라보며, 무엇이 그로 하여금 계급과 이름을 밝히게 했는지 이해하려고 애썼다. 그것이 비웃음이라고는 생각되지 않았다. 이윽고 그녀는 어깨를 한번 으쓱하고는, 종이를 구겨서 그들이 누워 있던 톱밥 위로 던졌다. 잠시 후 한나는 톱밥 더미를 부엌으로 날라다가 불을 살랐다.

이틀 뒤 미군들이 은신해 있는 나치 지도자들을 수색하러 왔다. 그들은 아무것도 발견하지 못했다. 한나가 그들에게 석방 증명서를 내보이자, 그들은 더 이상 묻지 않고 가 버렸다.

나는 이 소설을 단숨에 읽어 내려갔다. 그 소설은 나름대로 긴장감도 있고, 독자를 흥분시킬 만한 요소도 있었다. 솔직히 나는 그 소설에 감동받았다. 다 읽고 나서 나는 니나를 물끄러미 바라보았다. 니나는 잠에서 깨어 나를 바라보고 있었다.

"니나, 한나가 바로 너지? 나는 네가 그 때 갇혀 있었다는 걸 몰랐다. 대체 무엇 때문에 체포된 거니?

"언니, 다 지나간 일이야. 하지만 언니라면 어떻게 했을까? 난 그 뒤 가끔 자신에게 이렇게 묻곤 해. 그것이 과연 잘한 일이었나 하고 말이야. 일순간이긴 하지만, 나는 그가 내 눈앞에서 죽어 버리면 후련하겠다, 그런 생각을 했었어."

"니나!"

나는 소리를 질렀다. 니나의 얘기가 끔찍했다기보다 그 얘길 하는 동안 니나가 보인 그 냉정한 태도가 내게 공포를 느끼게 했다. 니나가 설거지를 하고, 내가 방을 정돈하는 동안에도 우리는 계속 이야기를 나누었다. 그럭저럭 열두 시가 되어 가고 있었다.

거리에서 새어드는 불빛이 니나의 얼굴을 비추고 있었다. 무언가에 완전히 집중한 얼굴……. 그것은 눈부신 광채를 띠고 어떤 생각에 정열적으로 몸을 내맡긴 그런 얼굴이었다.

"니나, 감기 들겠다. 얼른 침대로 들어가."

니나는 천천히 나를 바라보더니 얼굴에서 광채를 거두며 말했다.

"내버려 둬. 난 이 모든 걸 할 수 있어야 해."

"뭘 말이니?"

"모든 걸 다. 나는 언제라도 따뜻한 침대가 아닌, 찬바닥에 무릎을 꿇을 수 있어야 해. 사나운 개와도 맞서야 하고, 매를 견디고, 짠 소금을 먹는 일도 할 수 있어야 해. 난 뭐든 다 할 수 있어야 한다고."

니나는 때때로 너무 강한 의지 때문에 상처를 받는 것인지도 모르겠다. 만약 니나가 자신과 운명에 대해 좀더 참을 줄 알았다면 상황이 이렇게까지는 되지 않았을 것이다. 니나가 영국으로 가서 그 남자를 다시는 만나지 않겠다고 결심한 것은 분명한 듯했다. 그러나 그 결단에는 위험한 폭력이 내재되어 있다. 니나는 지금 운명을 앞지르려고 하는 것이다. 니나는 창가로 갔다.

"난 더 이상 이 도시를 참을 수가 없어."

니나가 낮게 말했다.

"언니는 그런 적이 없었어? 애착을 느끼던 모든 것이 한순간에 싫어지는 거야. 전과 달라진 건 아무것도 없는데, 그 모든 것이 적의를 드러내는 것처럼 느껴지는 거지. 그럴 땐 어떻게 하겠어? 아마 언니도 떠나는 수밖에 없을 거야."

나나는 창문을 닫았다. 그런 다음, 반쯤 남아 있는 위스키 병을 꺼내 왔다. 니나는 위스키 한 잔을 단숨에 마셔 버렸다.

"우리 집에 포탄이 떨어지고 불이 났을 때, 나는 거리에 서서 그걸 바라보고 있었어. 모두들 울부짖는 가운데, 나는 뭐랄까, 특별한 종류의 기쁨을 경험하고 있었어. 물론 그건 파괴에 대한 광적인 감정과는 달라. 또, 무관심이나 영웅주의하고도 다르고. 난 그저 내 생활의 짐 하나가 덜어진 것이 기뻤던 거야."

니나는 문득 절망적인 얼굴로 나를 바라보았다.

"언니는 내가 너무 거칠다고 느끼겠지? 하지만 난 이따금 내가 이별을 위해 만들어진 존재가 아닌가 하는 생각을 해. 난 텅 빈 방이나 역의 대합실 같은, 아무것도 붙잡아 두지 않는 곳이라면 어디든 좋아. 하지만 언닌 내 말을 조금도 심각하게 들을 필요가 없어. 참, 일기는 어디까지 읽었더라?"

니나가 일기를 찾고 있는 동안 나는 어린 시절의 추억 하나를 떠올렸다. 그것은 니나가 친척 모두를 적으로 만든 사건이었다. 할머니가 돌아가셨고, 니나는 그 때 일곱 살이었다. 할머니를 누구보다도 사랑했던 사람은 바로 니나였다. 사람들이 모두 눈물을 흘렸으나, 니나는 꼼짝도 하지 않고 무덤 옆에 서 있었다. 장례식이 끝난 뒤 어머니는 니나의 손을 잡고 할머니의 무덤을 가리키며 물었다.

"니나, 할머니가 여기 누워 계신다. 슬프지 않니?"

"아니, 하나도 안 슬퍼."

니나는 무뚝뚝하게 대답했다. 당황한 어머니는 니나의 뺨을 두 번이나 때렸다. 친척들은 니나가 자라서 아주 냉혹한 인간이 될 거라고 수군거렸다.

니나가 일기장에서 우리가 읽던 부분을 찾아 냈다.

1933년 6월 15일

나는 니나를 영원히 잃고 말았다. 성령강림제 날 새벽, 나우하임에서 전화가 왔다. 요양하러 간 어머니가 심한 심장 발작을 일으키셨다는 것이다. 어머니는 하루를 넘기지 못할 것 같다고 했다. 나는 곧 헬레네를 깨워 그 곳으로 출발했다. 내가 만약 5분만 늦게 출발했어도 가로등 불빛이 뒤섞인 새벽의 희미함 속에서 호텔 현관을 오르는 니나를 보지는 못했을 것이다.

"조심해요."

당황한 나는 하마터면 개를 칠 뻔했다. 나는 그 때 헬레네도 니나를 보았다는 사실을 깨달았다. 헬레네의 입술은 거만함과 혐오로 굳게 다물어져 있었다. 나는 그 해의 연애 사건을 떠올리며 속으로 헬레네를 비난했다. 헬레네에 대한 분노가 내 고통을 어느 정도 진정시켜 주었다. 나는 헬레네의 독선에 찬 정의감과 도덕심을 비난하며, 그녀가 마흔네 살의 자신을 맘껏 조롱하게 되기를 바랐다.

하지만 헬레네는 나 때문에 니나를 비난하고 있는 것이다. 내게 고통을 가하는 니나를 용서하지 못했으며, 내가 그런 탈선한 여자를 사랑하는 것도 용서하지 못했으리라.

도시를 벗어나자 넓은 시골 풍경이 펼쳐졌다. 평소의 나 같으면 흠뻑 반할 만한 그런 아침이었다. 인간에게 호의를 갖고 있지 않은 유리알처럼 차가운 아침, 유한함보다는 영원에 속하는 그런 시간…… 나는 그날 아침, 비로소 그런 시간에 적의를 느꼈다. 헬레네가 이것저것 먹을 것을 권했으나 나는 거절했다.

나는 문득 두려움을 모르는 면에서 니나와 헬레네가 비슷하다는 생각을 했다. 헬레네는 눈앞에 닥친 어머니의 죽음에 대해 한 마디도 하지 않았다. 헬레네는 알고 있었던 것이다. 어머니의 죽음이 고통이기는 하나, 내가 니나를 그런 식으로 잃어버리는 것보다는 덜하다는 것을.

우리가 나우하임에 도착했을 때 어머니는 이미 돌아가신 뒤였다. 나는 마취당한 사람처럼 어머니 장례식 날까지 견디었다. 방문객들을 맞고 여러 가지 일 처리를 하다 보니 니나를 잠시 잊었다. 그러나 하관하는 것을 보면서 혼란은 다시 나를 엄습했고, 나는 죽은 것은 어머니가 아닌 니나라고 생각했다.

돌아오는 길은 날씨가 아주 험했다. 축축한 잿빛 베일에 가려진 시골 풍경은 아주 우울했다. 상복 차림의 헬레네는 깊은 슬픔에 잠겨 있었다. 나는 악의적인 우울 속에 그대로 내팽개쳐졌다. 그리고 그 우울은 몇 주일이 지난 지금도 여전히 그대로이다.

나는 니나를 영원히 잃고 말았다.

니나의 초대

1933년 8월 7일

아무래도 이해하기 힘든 상황의 변화이다. 이틀 전 니나에게서 편지가 왔다. 자기를 한번 찾아와 주지 않겠느냐는 내용이었다. 니나는 내가 자기에게 열대 지방에서의 의학적 활동을 기록한 책을 보내 준 것에 감사하고, 왜 내가 그런 '위대한 업적'을 숨겨 왔는지를 물었다. 지금까지 일의 경과를 생각할 때, 나는 그 편지를 찢어 버리는 것이 옳았다.

편지가 온 것은 토요일 아침이었다. 나는 쇼핑을 하러 간 헬레네가 돌아오기를 기다렸다. 헬레네가 돌아왔을 때, 나는 그 애가 손님을 초대한 것을 알면서도 함께 드라이브를 하지 않겠느냐고 물었다. 그런 코미디를 연출한 것은 내가 돌아왔을 때, 그 애가 보일 불쾌한 침묵에 대한 예방 조처이기도 하다.

나는 마침내 용기와 불안이 뒤범벅이 된 여행을 떠났다. 아침부터 날씨가 몹시 더웠고, 나무와 풀과 라디에이터까지 온통 먼지를 뒤집어쓰고 있었다. 도저히 기분 좋은 여행이라고 할 수 없었다. 나는 개가 주인의 휘파람 소리에 반응하듯——좀 심한 비유이긴 하지만——니나의 부름에 따랐던 것이다.

정오쯤 나는 벤하임에 도착했다. 인적이 뜸한 도시는 마치 죽은 도시처럼 보였다.

분수도 물이 말랐는지 아예 작동하지 않았다.

니나의 집 앞 광장은 지열로 뜨겁게 달아오르고 있었다.

"정말 오셨군요. 이 더위 속을……."

눈이 어둠에 익숙해지자, 나는 니나가 책을 읽고 있던 중임을 알았다. 그것은 내가 보낸 책이었다. 펼쳐진 페이지의 여백에는 연필로 잔뜩 메모가 되어 있었다. 니나는 재빨리 책을 덮어 버렸다.

"30분쯤 뒤에 문을 닫을 생각이에요. 오후에는 벽돌 공장 사람들이 담배를 사러 오는 게 고작이니까요. 선생님 잠깐 옆방에서 기다려 주시겠어요?"

지난번 왔을 때와 달라진 건 아무것도 없었다. 파리가 노파의 얼굴과 손, 심지어는 눈 위를 마구 기어다녔으나, 노파는 느끼지 못하는 것 같았다. 전보다 더 살찐 몸이 의자를 꽉 채우고 있을 뿐이었다. 이따금 쉰 목소리로 기침마저 하지 않았다면 아마 송장으로 알았을 것이다.

나는 커튼을 친 작은 창을 통하여 가게 안의 니나를 바라보았다. 니나는 노동자들에게 담배를 팔고 있었다. 마치 생이 자기에게 부여한 모든 짐을 잘 수행하고 있다는 것을 보여 주려는 것처럼.

니나가 내 쪽으로 얼굴을 돌렸다. 그러나 나를 보지는 못했다. 그 얼굴에는 헬레네처럼 어떤 의무를 다하기 위해 생을 단념한 사람 특유의 날카로움은 찾아볼 수 없었다.

이윽고 덧문 내리는 소리가 들리더니, 니나가 안으로 들어왔다. 앞치마를 두르고 식사 준비를 하는 니나의 모습을 보니 괴롭고도 흐뭇했다. 나는 무의식적으로 헬레네와 니나를 비교해 보았다. 헬레네는 늘 계산된 정확성으로 기계처럼 움직이는 데 반해, 니나는 아무렇게나 움직였

지만 경쾌하게 보였다.

니나는 끔찍한 인내심을 가지고 노파에게 음식을 먹였다. 반쯤 마비 상태인 노파는 입 안의 음식물을 도로 밖으로 흘리곤 했다. 니나는 작은 숟가락으로 그걸 받아서 다시 시퍼런 입 안으로 밀어넣어 주었다.

나는 용기를 내어 아이프 호반이나 아네트 아주머니 댁에서 주말을 보내지 않겠느냐고 제안했다. 그러나 니나는 내 제안을 냉정하게 거절했다.

"이젠 할머니를 혼자 둘 수 없어요. 보지도 듣지도 못하면서 제가 먹여 드리지 않으면 하루 종일 굶고 계신걸요. 한번 시험해 보실래요?"

나는 니나가 한 것처럼 노파에게 음식을 먹여 보았다. 노파는 재빨리 입을 꽉 다물었다. 누렇게 부은 얼굴이 완강한 저항을 나타냈다.

"그것 보세요."

니나가 말했다.

"전 노인들이 싫어요. 몇몇 사람을 빼곤. 나이가 여든이나 되어서 여전히 고집스럽고 탐욕스럽다면 대체 인생이 무슨 의미가 있을까요? 나 역시 그렇게 된다면 살아갈 이유가 없겠지요."

"아니, 당신은 그렇게 될 리가 없어."

"하지만 누가 그걸 알겠어요? 어쨌든 그게 제가 이 곳을 떠나지 못하는 이유랍니다. 죄송하지만 이제부터 가게 안을 좀 치워야겠어요. 청소하는 사람을 따로 두고 있지 않거든요."

니나가 더러운 물에 손을 담그고 걸레를 짜는 것을 보는 일이 내겐 고통이었다. 물론 니나는 그런 일을 하면서 능숙함을 자랑하거나, 연민을 요구하지도 않았다. 그녀는 단지 해야 할 일을 했고, 그것에 익숙해 있을 뿐이었다. 하지만 어떻게 니나 같은 사람이 그런 일에 익숙할 수 있단 말인가?

나는 니나의 거실에서 그 날 오후를 보내게 되었다. 나는 니나가 스스로를 적응시켜 나가는 것을 볼 수 있었다. 니나는 그 동안 공부해 온 심리학 책과 그 밖의 다른 책들을 보여 주었다. 지드와 스탕달의 소설이 몇 권 있었고, 파스칼의 책과 히틀러의 《나의 투쟁》도 있었다.

니나는 《나의 투쟁》을 가리켜 많은 것을 알 수 있는 책이라고 했다. 그 순간 나는 깨달았다. 니나는 누구도 속일 수 없는 인간이었고, 그녀의 내부는 인간들에 대한 불신으로 가득 차 있었던 것이다. 나 또한 예외일 수는 없었다.

저녁이 되자 우리는 공동 묘지로 산책을 갔다. 그 도시에서 유일하게 시원한 장소라고 니나가 말했다. 퇴색한 노을 속에 내려다보이는 들판은 마치 사막을 연상시켰다. 무덤 앞에 놓인 시든 장미에서는 자극적이면서도 불쾌한 냄새가 났다.

그 곳에는 우리 둘만이 있었다. 어디선가 귀뚜라미 울음소리가 들려오기 시작했다. 나는 작은 돌을 주워 마른 들판에 던져 보았다.

문득 니나가 내 팔을 꽉 잡으며 말했다.

"선생님이 절 사랑하고 계시다는 거 잘 알아요. 이 순간 저도 선생님을 사랑한다고 말할 수는 있어요. 하지만 그것 역시 진실은 아닐 거예요. 당신은 제가 유일하게 미워하는 사람이에요. 그러니까 저 역시 어떤 방식으로든 당신을 사랑한다고 말할 수 있겠지요."

니나는 나에게 키스해 달라고 말했다. 나는 당황해서 재빨리 짧게 키스했다.

"아니, 그렇게 말고요."

나는 니나의 키스에 답했으나 자신을 철저히 억제하고 있었다. 니나는 내가 자신의 도취를 이용하는 것도, 자신을 풀밭에 눕히는 것도 용서하지 않으리라.

니나의 얼굴은 야성적이고 악의에 차 있었다. 니나는 나를 사랑하는 것이 아니라 나와 자기 자신을 시험해 보고 있는 것이다. 곧 비가 쏟아질 것 같았다.

집으로 돌아온 니나는 이웃집 여자를 부르러 갔다. 여자는 매일 밤 니나가 노파를 침대에 눕히는 것을 도와준다고 했다. 이웃집 여자가 돌아가자 니나가 문단속을 하며 말했다.

"비가 곧 쏟아질 거예요. 그러니 오늘은 못 떠나요."

니나는 뜨거운 홍차를 끓여 주었다. 아주 조용하고 상냥한 태도로. 번개가 쳤으나 비는 잠시 후에 그쳤다. 땅도 거의 젖지 않은 상태였다. 내가 운전을 할 수 있겠다고 하자, 니나가 나를 짧게 바라보며 말했다.

"제 부탁을 들어주시겠어요?"

니나는 나를 집 안으로 데리고 들어가더니 나직하게 말했다.

"오늘 밤 누군가를 좀 데려다 주셨으면 해요."

나는 대수롭지 않은 말을 하면서 심각한 니나의 태도에 의아심을 가졌다.

"당신 동료 중 한 분이에요. 국경까지 좀 태워다 주셨으면 하고요."

그제서야 나는 니나의 말을 알아들었다.

"당신이 지금 어떤 위험한 일을 하고 있는지 알고 있소?"

그러자 니나는 의외라는 듯한 표정으로 말했다.

"그럼, 제가 달리 어떻게 할 수 있었을까요? 이번이 처음은 아니에요. 브라운 박사도 6주 전에 여기에 왔었죠."

"그 사람은 탐험대를 따라 티베트에 가지 않았소?"

니나가 짧게 웃었다.

"그렇게 믿고 계셨나요? 그 분은 아마 지금쯤 스위스에 도착해 있을 거예요. 오늘은 페터센이 올 거고요. 그는 이미 오래 전부터 의심을 받고 있어요. 떠날 때가 온 거죠. 당신도 기억하실 만한 제 친구가 당의 비서예요. 덕분에 다음 차례가 누구인지 짐작할 수가 있어요. 조직은 완벽해서 아무도 나를 의심하는 사람은 없어요. 이젠 아시겠지요? 왜 제가 이 곳을 떠날 수 없는지……. 그리고 가정부도 두지 않는지를요."

대체 이 여자는 몇 개의 얼굴을 가지고 있을까? 니나는 나를 공범자로 만들려고 사랑조차 이용하려는 것일까? 그 모든 감정의 발작도 그러니까 순수하지 못한 동기에서? 니나는 목적을 위해서라면 배우가 될 수 있는 여자인지도 모른다.

"어째서 그런 눈으로 저를 보세요? 이 일에 끼여들 마음이 없다면 그렇게 하세요."

그러나 니나는 내가 미처 대답하기도 전에 다정하게 내 손을 잡았다.

"죄송해요. 당신이 두려워하고 있다고는 생각하지 않아요. 당신은 생을 과대 평가하는 분은 아니니까요."

그러고 나서 니나는 묘지에서보다도 나를 더 당황하게 만드는 행동을 했다. 니나는 머뭇거리는 태도로 나를 부드럽게 안았던 것이다.

"당신의 책은 몹시 제 마음을 끌었어요. 그렇게 어려운 상황에서 그토록 많은 업적을 이루시다니."

나는 니나가 사용하는 '업적' 이라는 말을 듣고 있기가 거북했다. 나는 그녀를 떼어 놓았다.

"니나, 당신은 그 동안 날 너무 나쁘게 보아 왔어요. 그러니 이제 와서 정반대의 극단에도 빠지지 말기 바래요. 그래요. 나는 2년간 무보수로 열대 지방의 원주민들을 치료해 주었어요. 그 곳에서 권태를 느끼자, 아버지의 유산을 가지고 세계 여행을 했어요. 이게 당신이 말하는 내 '업적' 의 진짜 모습이지요. 그러니 날 지나치게 높이 평가할 필요는 없습니다."

나는 끝까지 말할 각오로 니나의 손을 꽉 잡았다.

"날 그냥 있는 그대로 봐 주시오. 난 지금껏 회의에 가득 차서 살아왔고, 극단을 요구하는 결단 앞에서는 늘 비겁했소. 전에도 말했듯이 나 같은 인간은 태어나지 않는 편이 좋았겠지요."

그러나 니나는 동물적인 따스함을 가지고 내게로 파고들었다. 나는 다시 한 번 니나를 떼어 놓았다.

국경 여행

잠시 후, 우리는 불투명하게 들려오는 밤 기차 소리를 들었다. 니나는 이층으로 올라가서 미리 준비해 둔 비상 식량이 든 주머니를 가져왔다. 그런 다음 서둘러 식탁을 차렸다. 니나는 아주 민첩하고 침착하게 움직였다.

그러고 나서 뒷문으로 달려갔다. 소리도 없이 모든 일이 이루어졌다. 나는 페터센을 금방 알아보지 못했다. 그는 사냥꾼처럼 변장을 하고 엽총까지 메고 있었다.

그는 나의 존재에 조금도 놀라지 않았고, 내가 국경까지 데려다 주는 일을 당연하게 받아들였다. 니나는 우리에게 뜨거운 커피와 먹을 것을 가져다 주었다.

식사가 끝나자 니나는 서둘러 길을 재촉했다.

그로부터 반 시간 후 나는 페터센을 국경 부근에 내려 주었다. 페터센은 어둠 속으로 사라졌고, 나는 식은땀을 흘리며 차를 몰았다. 태어나서 처음으로 동물적인 공포를 느꼈다. 생명에 대단한 의미를 부여하지 않던 내가 지금 생명의 공포를 느끼고 있는 것이다.

페터센은 나에게 물었다.

"당신은 그대로 머물 겁니까?"

물론 도망치고 싶은 생각은 없었다. 나는 비정치적이고 대단치 않은 학자였다. 그렇지만 니나가 나를 필요로 하고 있었다. 니나와 더불어 어떤 비밀스런 일을 수행한다는 생각은 나를 행복하게 만들었다. 그것은 내 삶에 어떤 의미를 부여해 주기까지 했다.

나는 앞으로 내가 어떤 일을 해야 하며, 니나를 어떤 경로로 다시 만날 수 있을지 너무도 궁금했다. 무엇보다도 니나의 태도 변화가 일시적인 것인지, 계산된 행동은 아닌지 하는 것이 알고 싶어 안달이 났다.

1933년 8월 14일 새벽 4시

오늘 두 번째로 국경 여행을 하고 돌아왔다. 어제 오후 니나에게서 엽서가 왔다. 약간 낯선 글씨체로 이렇게 씌어 있었다.

'당신이 다시 한 번 우리 모임에 참석해 주신다면 기쁘겠습니다.'

나는 곧바로 W시에 달려갔다(헬레네는 특별한 이유도 없이 내가 프랑스 여행을 포기하자 놀라는 기색이 역력했다). 그 때부터 헬레네는 드러내 놓고 나를 감시하기 시작했다.

그 엽서가 도착한 후 한 청년이 와서 봉투 하나를 건네주고 사라졌다. 그 안에는 여권 두 개가 들어 있었다. W시로 가면서 나는 내가 거대한 쇠사슬 중에서 하나의 고리 역할을 한다는 사실에 희열을 느꼈다.

니나는 정답게 그러나 초조함을 감추지 못하며 나를 맞았다. 나는 그 길로 생전 처음 보는 남자를 태우고 국경으로 향했다. 니나는 그 남자에게 여권 하나를 건네주었다. 다른 하나는 만약의 경우, 내가 사용하도록 만들어진 것이었다. 새벽 3시경에 나는 집으로 돌아왔다. 잠들려고 애를 썼으나 헛일이었다.

나는 니나의 냉랭한 태도 변화에 대해 곰곰이 생각했다. 그러나 곧 나는 이해하기를 포기했다. 내가 니나를 사랑하는 것은 그녀를 꿰뚫어 볼 수 없기 때문인지도 모르니까. 하지만 그녀의 내면에 숨겨진 마녀적인 힘, 화산의 폭발력과도 같은 면은 나를 당혹감에 빠뜨린다.

서서히 날이 밝아오기 시작했다. 꼬박 밤을 새웠건만 머릿속은 평소보다 맑다.

공포의 시간

1933년 10월 2일

지난 7주 동안 우리는 열 명이나 되는 사람들을 국경으로 데려다 주었다. '우리'라는 표현을 쓰고 있지만, 실제로는 그들이 누구인지조차 모른다.

내가 니나와 단둘이 있는 기회는 단 한 번도 없었다. 니나는 사생활이 보장되지 않는 것에 대해 전혀 불만이 없어 보였다.

나흘 전 니나는 이것이 나의 마지막 여행이 될 것이라고 말했다. 니나가 경고를 받았기 때문에, 조직에서는 니나와 나를 안전선 밖으로 내보내기로 결정했다는 것이다.

"당분간은 제게 오지 않는 것이 좋겠어요. 위험한 시기가 지나면 제가 당신을 찾아가겠어요. 지난번 도와주신 두 사람은 집단 수용소에서 탈출했어요. 그래서 우리가 함께 감시를 받게 된 거고요. 학기가 시작될 때까지 어디 여행이라도 떠나세요. 그리고 누가 저에 대해 묻거든 모른다고만 하세요. 아셨죠?"

"그럼 당신은 어떻게 되는 거요?"

"그놈들이 제 거짓말을 믿어 주기를 바랄 뿐이에요."

나는 니나를 위험 속에 내버려 둘 수가 없었다. 그래서 당장 나와 함께 어디로든 달아나자고 말했다.

"그럼 여기 일은요? 전 이 곳을 떠날 수가 없어요."

니나는 내가 자기를 이해하지 못하는 것이 안타깝다는 표정이었다.

"정 그렇다면 당신도 여기 남으세요. 하지만 편지를 보내는 것도, 찾아오시는 것도 안 됩니다."

아마 니나와 나는 영원히 못 만날지도 모른다. 반역자는 즉결 처분이었다. 니나의 얼굴은 창백했으나, 공포의 빛은 찾아볼 수 없었다. 두 눈에는 삶과 죽음이 동시에 유혹하는 선동적인 청춘의 도전이 있을 뿐이었다.

나는 지금 이 도시에 머물러 있다. 이따금 한밤중이나 새벽에 나는 섬뜩한 공포를 느낀다. 어둠 속에 울리는 발소리, 집 앞에서 멈추는 자동차 소리, 경찰의 사이렌 소리——이 온갖 소음은 내 마음속에 공포를 자아낸다.

내가 두려워하는 것은 죽음이 아니다. 나는 정신의 적들과 마주서야 한다는 일이 두려울 뿐이다.

'니나는 어떻게 지내고 있을까?'

니나는 위험 앞에 자신을 드러낸 채 완벽하게 혼자 남아 있다. 내가 니나와 이렇게 멀리 떨어져 있다는 것은 너무도 가혹한 형벌이다.

그러나 내가 니나에게 간다면 그녀는 더 큰 위험에 빠질 것이다. 나와 니나가 감시받고 있지 않다는 보장은 어디에도 없으니까. 나는 헬레네에게라도 이 모든 것을 털어놓고 싶었지만, 니나는 그것조차 금지했었다.

내가 공포 속에 내던져진 동안, 그것은 삶과 죽음 전반에 어떤 새로운 시야를 열어 보였다. 이제 나에게는 인간이 공포를 사랑한다는 일이 얼마든지 가능한 일처럼 보였다.

가스관을 틀어 놓고, 그로 인해 발생하는 미량의 유독성과 위험을 즐긴다고 고백한 어린 시절의 친구처럼.

1933년 10월 5일

니나는 모르지만, 나는 니나에게 갔다 왔다. 기차를 타고 두 정거장 앞에서 내린 나는, 들길을 걸어서 W까지 갔다. 비가 내렸고 지나다니는 사람은 한 명도 없었다.

니나는 언제나처럼 가게 안에 있었다. 나는 사탕통과 삼각형으로 쌓아 놓은 구두약 뒤에서 니나의 얼굴을 발견했다. 그러나 나는 곧 돌아섰고, 돌아오는 길에 길을 잃었다. 간신히 찾아낸 국도에서 트럭 한 대를 만나 그것을 타고 돌아왔다.

나는 흠뻑 젖은데다 구두는 진흙으로 범벅이 되어 있었다. 헬레네는 무언으로 나의 점잖치 못함을 나무랐지만, 그런 건 아무래도 상관 없다. 니나가 살아 있는 것이다. 나는 이 위험이 지나가기를 간절히 기도했다.

할머니의 죽음

1933년 10월 18일

니나가 돌아왔다. 또 한차례 위험이 지나간 것이다. 노파는 죽고 집도 팔렸다고 한다. 니나는 다시 공부를 시작하고 이 도시에서 살아갈 것이다. 나는 대학에서 니나를 만날 수도 있다. 니나는 차를 마시러 와서 저녁때까지 머물렀다. 니나는 전보다 더 창백해 보였다.

헬레네는 지독한 자기 극기 끝에 니나에게 인사를 건네고, 함께 차를 마셨다. 그런 다음 그럴 듯한 구실을 만들어 우리만 남겨 두고 물러갔다. 니나는 부드러운 태도를 유지했으나, 지치고 힘든 표정을 감출 수는 없었다.

노파는 10월 6일에 죽었다고 한다.

"그래요. 저는 언젠가 누군가가 죽는 모습을 보고 싶다고 말한 적이 있지요. 하지만 죽음은 아름답지도 추하지도 않은 하나의 마침표에 불과했어요. 할머니에게 죽음은 그저 단순한 종말이었죠. 그것도 2년 여에 걸친. 할머니는 처음에는 고목처럼 말라갔어요. 그러더니 어느 날부터인가 수종증이 할머니를 맥주통처럼 부어오르게 했어요. 아무리 물을 빼내고 주사를 놓아도 소용 없었지요. 게다가 마비 증세까지 겹쳐 대소변 위에 뭉개고 누워 있기 일쑤였어요. 더 이상 안 되겠다 싶어 간호사를 불렀더니, 제정신이 아닌 상태에서 악을 써 댔어요. 내가 시중들지 않으면 유언장을 고쳐 쓰겠다고 말이에요. 그 소리를 들으니 정말 더 견디기 힘들더군요. 애초에 돈 때문에 할머니에게 갔지만, 그렇게 오래 머문 것은 더 이상은 돈 때문이 아니었거든요."

니나는 잠시 이야기를 멈추더니, 망설이며 다시 말을 이었다.

"그러니까 제 말은 인간은 누구나 자기가 처한 환경에 적응해 간다는 말이에요. 전 처음에 그 가게에서 나는 싸구려 비누 냄새 때문에 숨도 쉬기 힘들었어요. 그러는 동안 저는 자신이 그 가게의 어둠 속에서 어떤 매력을 찾아내고 있다는 것을 깨달았어요. 할머니 역시 나를 잡아끄는 무언가가 있었지요. 느린 죽음과 섬뜩하게 붕괴되어 가는 육신에 대한 집착……. 또 처음에 그토록 증오하던 도시도 나중에는 관심의 대상이 되었고요. 전 그 도시에 대해 소설을 한 편 썼어요. 비록 성공하진 못했지만……."

나는 니나에게 그 소설을 보여 달라고 했다.

"찢어 버렸어요."

니나는 간단하게 대답하고 다음 말을 이었다.

"죽음은 아주 빠르게 다가왔어요. 전 그 때 옆방에서 책을 읽고 있었어요. 할머니는 안락 의자에 앉아 계셨고요. 언젠가 저는 낡은 사진 속에서 사랑스러운 신부인 할머니를 본 일이 있어요. 그런데 지금은 저렇게 고약한 냄새를 풍기면서 앉아 있다니! 그 때 전 분명하게 느꼈지요. 우리가 정신 속에서 스스로를 구원하지 않는다면 생이란 얼마나 끔찍한 것인지를요. 그렇게 앉아 있는 할머니를 보노라니 문득 그 자리에 앉아 있는 저 자신이 보였어요. 느닷없는 공포가 밀려와 전 그 자리를 뛰쳐나왔어요. 뒤뜰에는 제가 심어 놓은 달리아와 국화가 한창 꽃을 피우고 있었지요. 전 자신에게 말했어요. 넌 지금 눈앞에 드러난 진실을 외면하려고 한다. 들어가서 저 노인과 너 자신을 들여다보아라. 그것 역시 생의 한 부분이 아니냐. 추악한 것을 회피한다는 것은 생의 가장 중요한 것들을 외면한다는 것과 같다……. 내가 다시 들어갔을 때, 할머니는 막 숨이 넘어가려고 하고 있었어요. 할머니는 갑자기 몸을 일으키더니 의자 팔걸이를 꽉 붙잡았어요. 눈을 크게 뜨고 무언가를 주의 깊게 보고 있는 것도 같았지요. 찡그린 듯한 얼굴에는 뭔가 기쁜 빛이 감도는 듯도 했어요. 이윽고 발작처럼 숨이 멈추었어요. 죽음이 할머니에게 손길을 내민 거지요. 할머니의 몸은 빠른 속도로 부패하기 시작해서, 이틀 뒤에는 매장하지 않으면 안 되었어요. 어쨌든 돌아가시기 직전의 그 몇 분간은 아주 중요했어요. 하지만 어째서 우리는 그토록 중요한 것을 마지막 순간에야 알게 되는 걸까요?"

니나는 내 어깨에 얼굴을 파묻고 흐느끼기 시작했다. 지난 2년간 유배지나 다름없는 도시에서 모든 것을 참고 견디었으나, 마침내 그것이 차고 넘쳤던 것이다. 니나는 아주 오래 울었다. 그리고는 갑자기 울음을 그치더니 어린애처럼 부끄럽게 웃었다.

"이렇게 바보 같은 모습을 보이다니……."

니나가 말했다.

"당신이 내 앞에서 울어 주어서 난 행복해요."

"하지만 이유도 없이 히스테리컬하게 우는 여자를 보는 것은 썩 유쾌한 일은 아니지요."

니나는 말을 계속했다.

"당신이 계속해서 우리 일을 도와주시다니……. 전 솔직히 당신이 그 일을 해 주시리라고는 생각지 못했어요."

"난 당신을 위해서라면 무슨 일이든 할 거요."

순간 나는 스스로를 마비시킬 정도로 무서운 힘에 이끌려 물었다.

"니나, 당신은 아직도 나의 아내로 사는 것이 불가능한 일이라고 생각하오?"

"아뇨. 이젠 그렇지 않아요."

그 순간 나는 태어나서 처음으로 이성을 동반하지 않은 행위를 니나에게 했다. 어떤 남자라도 그렇게 하지 않고는 견디지 못했을 것이다. 나는 니나에게 아주 오래 키스했던 것이다. 그 순간 나는 내 속에서도, 니나의 속에서도 아무런 저항을 느끼지 못했다. 저녁 식탁에서 헬레네는 아주 들떠 있는 우리를 보았다.

그날 밤, 나는 니나에게 일주일 동안 아네트 아주머니 댁에서 지내지 않겠느냐고 물어 보았다. 니나는 기쁘게 승낙했다. 니나로서는 보기 드문 행동이었다.

나는 니나를 집까지 바래다 주었다. 니나는 당분간 어머니와 함께 있을 예정이다. 그런 다음 집을 팔고, 어머니는 양로원에 들어갈 것이다. 니나는 이미 대학 근처에 집을 얻기로 되어 있었다.

드디어 니나는 자유의 몸이 된 것이다. 나로서는 더 이상 기다린다는 것이 무의미했으나, 니나에게 아무것도 강요하지는 않겠다고 마음먹었다. 니나는 공부를 계속하고, 언제든 오고 싶을 때 나에게 올 것이다. 우리는 함께 여행을 하고, 때가 되면 니나는 내 아내가 될 것이다. 우리는 모레 아네트 아주머니 댁으로 여행을 떠날 계획이다. 나는 다시는 '나 같은 인간은 태어나지 말아야 했다'는 말 따위는 하지 않을 생각이다. 나는 니나의 손 안에 내 생명을 바친다.

매혹의 순간들

1933년 10월 28일

우리들 짧은 여행의 마지막 날이다. 너무도 아름답고 완전한 날을 경험한 나는 숨도 쉴 수 없을 지경이다. 앞으로 어떤 일이 일어나든 내게도 그런 날들이 있었다는 것만은 변함없는 진실이다.

나는 내가 알고 있던 니나와 전혀 다른 니나를 찾아냈다. 니나는 온화한 태도로 내 말에 귀 기울였고, 자신은 많은 말을 하지 않았다. 니나는 이따금 성숙한 여자들에게서나 볼 수 있는(당신의 말을 듣고 있지만 나는 당신들이 모르는 곳을 배회하고 있다는 듯한) 표정을 띠고 내 말을 듣기도 했다.

니나는 많이 건강해졌고, 날씨도 내 편이었다. 우리는 익은 산딸기를 따기 위해 골짜기를 돌아다녔다. 얼마나 오래 이런 분위기에서 멀어져 있었는가? 전나무 숲에서의 젖은 이끼 냄새, 알싸한 버섯 냄새, 넓게 퍼져 있는 거미줄과 늪 위로 피어오르는 푸른 안개……. 이 모든 자연 속에서 내 영혼은 녹아들었고, 나는 다시 살아났다.

나는 어린 시절의 고향에 돌아왔고, 땅은 다시 받아 주었다. 니나는 차가운 시냇물에 손을 담그고, 그 물을 퍼 마셨다. 나도 니나처럼 해 보았다. 아, 물에서는 오랫동안 내가 미처 맛보지 못했던 생의 냄새가 났다. 나는 좁은 오솔길을 앞장서서 걸어가는 니나의 경쾌한 걸음걸이를 보는 것이 즐거웠다. 또 니나의 머리 위에 얹힌 바늘처럼 뾰족한 전나무 잎이 사랑스러웠다.

아네트 아주머니는 오래 전부터 간장병을 앓고 있었다. 그래서 대부분의 시간을 누워서 지냈고, 저녁때만 우리에게 시간을 내주셨다. 니나의 두 눈은 말없는 기쁨으로 가득 차 있었다.

나는 겨우 오늘 밤에야 니나에게 내 아내가 되어 주지 않겠느냐고 묻지 않은 것이 생각났다. 우리를 연결시켜 주는 거라고는 나의 열렬한 사랑과 니나의 막연한 말뿐이지 않은가.

니나의 힘은 밤에도 나에게 영향력을 행사했다. 나는 벽을 사이에 두고 니나를 생각했다. 새벽이 찾아드는 경이롭고도 황홀한 시간!

나는 창가에 놓인 침대에 누워 눈 덮인 산을 바라보았다. 집 안에서는 잘 교육된 고용인들이 조심스럽게 하루를 시작하는 소리가 들려왔다. 수레를 끄는 소리, 계단을 오르내리는 소리……

이제 몇 시간 후면 집으로 돌아가야 한다. 테라스에서 니나와 함께 점심을 먹고, 아직 서리에 덮이지 않은 들국화와 장미 앞에서 한 번 더 크게 심호흡을 하고 돌아가야 하는 것이다.

1933년 11월 30일

학기 초의 온갖 사무가 나를 기다리고 있지만, 나는 일이 즐겁다. 열대 지방에서의 일을 기록한 책은 최근 영어와 이탈리아 어, 스웨덴 어로도 번역이 되어 나왔다. 덕분에 스톡홀름에서 있을 의학 회의에도 초대를 받았다. 니나도 동행할 것이다. 니나는 내 성공을 아주 기뻐하고 있다. 우리는 거의 매일 만난다.

니나는 영국 공원이 내려다보이는 곳에 방을 얻었다. 우리는 대개 강의가 없는 늦은 오후, 레오폴드 카페에서 만났다. 니나는 무서울 정도로 열심히 공부한다.

그러나 오늘 만난 니나에게서는 어떤 불안이 느껴졌다. 니나는 동급생들과 정치적인 이견이 있었다고 했다. 정신병학 강의에서 안락사 문제를 다루었는데, 한 학생이 독일 민족에게는 강자의 지배를 찬성한 날부터 이미 그것이 허락되었노라고 주장했다는 것이다. 니나는 분노해서 소리치지 않을 수 없었다. 자신도 그 국민에 속해 있지만, 그런 견해는 받아들일 수 없다, 나뿐 아니라 많은 사람들이 그것을 반대하고 있으며, 일부에 의해 찬성된 법은 절대로 실시되어서는 안 된다고 주장했다. 니나는 정신병과 비정상 사이에 한계선을 그을 수 없으며, 불치병 환자도 나름대로 사회에 봉사할 수 있고, 반대로 지극히 정상적이지만 사회에 해가 되는 사람도 있다고 했다.

그러자 한 학생이 그러면 그 정상인도 살해되어야 하며, 국민은 그들과 정신병자를 희생시킬 권리가 있다고 말했다. 니나는 다시 목소리를 높였다.

"그렇다면 생과 사를 결정하는 것은 누구란 말입니까? 아마도 그것은 어떤 경우에도 살인은 살인일 뿐이라는 사실을 깨닫지 못하는 당신 같은 사람이 될 테지요. 하지만 나는 결단코 그것에 반대합니다. 살인은 물론, 그것에 선의의 탈까지 씌워 주는 국가를 용납하지 않을 겁니다."

니나의 말은 학생들 사이에 큰 혼란을 일으켰다. 그 중 어떤 학생은 생각을 바꾸지 않는다면 당신이 어떻게 될지 아느냐고 협박했다는 것이다. 니나의 얘기는 나를 극도로 흥분시켰다. 나는 니나에게 앞으로는 가급적 그런 충돌을 피해야 한다고 당부했다.

"이런 상황에서 그냥 보고만 있으란 말씀이세요? 정신병학이나 의학이 그런 악랄한 질서를 요구한다면 전 차라리 공부를 중단하겠어요."

니나가 걱정된 것은 사실이었으나, 그녀의 용기 있는 태도는 내게 감동을 주었다.

니나는 모험을 위해 태어난 여자다. 내가 두려워하는 것도 바로 니나의 그 점이며, 니나를 사랑하는 것 또한 바로 그런 용기 때문이다.

니나는 내가 자기를 잡아 두기를 원할까? 아니, 나는 그런 니나를 잡아 둘 수 있을까? 키스와 정치적 공범, 그것이 우리를 묶어 주는 끈이 될 수 있을까? 나는 지금껏 나의 행복을 의심하지 않았다. 그러나 그 행복이 한순간의 섬광에 불과할지도 모른다는 생각이 들었다. 나는 어느새 행복이 지속되기를 원하고 있는 것이다.

1933년 12월 1일

니나는 처음으로 나를 자기 집에 초대해 주었다. 그 방문이 내게 행복의 확실성을 가져다 주었는지, 아니면 더 깊은 불안으로 밀어넣었는지는 알 수 없다. 니나는 나를 보자마자 브라운의 소식을 간접적으로 들었다고 말했다. 그는 망명에 성공해 스위스에 있다는 것이었다. 기쁨에 들떠 말하는 니나를 보자, 나는 질투로 신경이 날카로워졌다.

니나는 영국 공원이 내려다보이는 창가로 나를 데리고 갔다. 싸늘한 빛을 띤 오후의 태양이 공원 전체에 비치고 있었다. 나는 악의에 찬 목소리로 말했다.

"나에겐 흥미 없는 풍경이오."

그러자 니나가 느닷없이 소리쳤다.

"아시잖아요! 제가 결혼을 한다면 그건 당신하고란 걸 말이에요."

그 한 마디의 말은 내게 눈물이 나올 만큼 감동을 주었다. 그 뒤로 우리가 어떤 대화를 나누었는지 잘 기억나지 않는다. 나는 빌로드 의자 위에 앉아 있었다. 방은 평범하고 허름했지만 니나가 만든 생기로 가득 차 있었다.

나는 지금 내 방에 돌아와 있다. 나는 니나가 여기 살지 않는다는 이유만으로, 아름답게 꾸며진 내 집에 혐오를 느낀다.

니나는 정말 나를 사랑하는 것일까? 니나는 사랑과 존경을 구분할 수 있을까? 니나를 내게 묶어 둘 다른 방법은 정말 없을까? 결국 나는 니나가 결혼하게 된다면 그건 나라는 말 한 마디에 매달린다. 그러나 그 것은 정확히 말해 아무런 의미도 없는 말이다.

1934년 새해 아침
오늘처럼 아름다운 새해 아침은 내 생애 처음이다. 나는 니나의 방이 있는 쪽을 바라보았다. 어제 니나와 나는 자정이 지날 때까지 함께 있었다. 우리는 나란히 새해를 알리는 교회 종소리를 들었다.

"니나, 오늘 나는 다시 태어났소. 당신이 내게로 오겠다고 약속한 그 순간까지 나는 살고 있었던 게 아니오. 나로서는 당신과 함께 일생을 보내고 싶다는 생각 외엔 아무것도 없어요. 하지만 당신은 언젠가는 그 약속을 후회하게 될지도 모르지. 하지만 당신이 내게 묶여 있지 않다는 점만은 잊지 말아 주시오."

"그래요, 늘 기억하겠어요. 그리고 감사드려요."

그리고 다시 아침이 온 것이다. 나는 어떤 따뜻한 손길이 내 생애에 질서를 가져다 주는 듯한 느낌을 받았다. 말로 표현할 수 없는 행복감이 내게 밀어닥치고 있다.

나는 거기까지 읽다가 문득 니나가 함께 읽고 있지 않다는 것을 느꼈다. 니나의 신경은 다른 곳에 쏠려 있었다. 얼마 후에야 나는 계단에서 나는 발소리를 들었다. 니나는 초인종이 울리기도 전에 자리에서 벌떡 일어났다. 우편 배달부였다.

"누구한테 온 건지 뜯어 보지도 않니?"

"별거 아닐 거야. 독자들이나, 아니면 은행에서 온 거겠지."

니나는 삐걱거리는 의자에 앉아 터키 제 기계로 커피를 갈았다. 곧 물이 끓기 시작했고, 진한 커피 향이 방 안을 가득 채웠다. 나는 내게도 동생이 있다는 사실에 행복감을 느꼈다. 니나는 다 간 커피를 주전자에 넣고 펄펄 끓는 물을 부으면서 메마르게 말했다.

"지난 10년간 난 기분이 아주 좋았던 적이 한 번도 없었어. 물론 그 전에도 그랬지만. 언니는 며칠 동안 내내 기분이 좋을 수가 있어?"

나는 며칠 동안, 아니 몇 주일 동안도 그럴 수 있었다. 아름다운 집과 개와 자상한 남편……. 하지만 그 모든 것이 나를 속이고 있는 것인지도 모르겠다.

"난 체념한 지 이미 오래야. 내겐 늘 밤을 새워 써야 할 원고가 기다리고 있었고, 그 밖의 많은 일들을 처리해야 했지. 그러면서도 완성된 것은 아무것도 없어. 담벽을 기어오르려고 애쓰다가 번번히 상처를 입는 개처럼, 성공 역시 잡았다 싶으면 다음 순간 물거품으로 사라지고 말지. 이 세상에서 아름다운 것들은 너무 짧은 순간에 사라지고 말아. 완전한 것이라곤 아무것도 없어. 완벽하게 순수한 절망조차도 나중에 보면 싸구려 혼합물일 뿐이야."

니나는 커피 주전자를 손에 들고 마치 그 속에 자신의 이야기를 쏟아붓기라도 하려는 듯 몸을 굽혔다.

"아, 어째서 인간은 고통을 통해서만 현명해질 수가 있는 거지?"

나는 조심스럽게 묻지 않을 수 없었다.

"하지만 니나, 네가 행복했다면 글을 쓸 수 있었겠니? 날 보렴. 나는 비교적 행복하게 살고 있지만, 글을 쓰진 못해. 물론 기사 정도는 쓸 수가 있지. 하지만 그 이상은 아냐. 넌 많은 대가를 치르는 대신 소중한 재능을 받았고, 난 아무것도 치르지 않는 대신 받은 것도 없어."

"하긴, 그 계산이 맞는 것도 같아. 하지만 아무래도 상관없어. 나, 한 시간만 실례할게. 어제 쓴 글을 고쳐 써야겠어."

니나는 만년필 뚜껑을 열면서 덧붙였다.

"난 내 마음에 들지 않는 글은 도저히 갖다 줄 수가 없어."

니나가 책상 앞으로 가자, 나는 다시 일기를 읽기 시작했다. 얼마 후 내가 니나를 보았을 때, 니나는 웅크린 채 창 밖만 바라보고 있었다. 나는 그 애가 무슨 생각을 하는지 알 수 없었다. 왜 일을 못하는지도.

결별의 시작

1934년 2월 20일

겨우 두 달에 걸친 조화의 시간은 끝나 버렸다. 나는 오늘 니나와 말다툼을 했다. 언젠가 우리가 함께 토론해 보기로 한 그 문제의 논쟁이 시작되고 말았던 것이다.

니나는 나에게 환자에게 동정을 느낄 때가 있는지를 물었다. 나는 감정이 있는 인간이므로 당연히 동정을 느낀다, 고통받는 인류 전체에 대해서도 동정을 느끼지만, 의사로서는 동정을 느끼지 않는다고 말했다. 그런 일은 종종 의사나 환자에게 병의 진상을 숨길 수도 있으므로 매우 신중할 필요가 있는 대목이었다. 그러나 니나의 관심은 이미 다른 데로 향해 있었다. 니나는 단도직입적으로 물었다.

"그렇다면 당신은 동정 때문에 환자를 죽이는 일은 없었겠네요?"

"니나, 그것은 결코 간단한 문제가 아니오. 환자 자신이 불치의 병에 걸린 것을 알고 있고, 죽음이 부여하는 영생이 유한한 삶보다 더 높은 가치를 지닌다면 안락사는 정당화될 수도 있습니다. 또 치유 불가능한 정신병의 경우, 그것을 희생해서 하나의 커다란 집단을 구할 수 있다면 그 때에도 정당성이 인정될 수 있을 거요."

니나는 내 얘기가 끝나기도 전에 성급하게 말했다.

"당신 역시 단체니 희생이니 하는 표현을 쓰는군요. 인간들 중 한쪽은 가치가 있고, 다른 한쪽은 가치가 없다고 하는데, 그렇다면 그 기준은 누가 정하지요? 한 집단을 위한 유용성 여부인가요? 인간은 누구나 자신만의 고귀한 가치를 지니고 있습니다. 건강한 육체라……. 저로서는 도저히 용납할 수가 없군요. 게다가 병을 뿌리째 뽑아 버리겠다는 발상은 얼마나 잘못된 생각인지. 건강과 균형을 위해서라도 병은 언제나 존재하지요. 그리고 이런 의학의 생물학적 접근 자체가 근본적으로 잘못된 거예요."

니나는 불꽃 같은 적의를 드러내었다. 나는 의학 역시 변화의 운명에 놓여 있으며, 지금까지도 모체를 살리기 위해 태아 살해와 같은 의학적인 살해가 이루어져 왔다는 것을 얘기하려고 했다. 그러나 니나의 태도는 완강했다.

"이 세상에는 절대적인 가치라는 게 존재하는 법이에요. 이런 문제에 대해서는 결코 객관적이 되어서는 안 돼요."

니나는 문득 낮고 우울한 목소리로 덧붙였다.

"죄송해요. 제가 너무 흥분한 것 같군요. 하지만 당신 같은 분마저……. 아, 이젠 이 모든 것에 진저리가 나요. 강의 시간에도 온통 이런 지긋지긋한 얘기로 일관하고 있으니까요. 전 차라리 공부를 그만둘까 해요."

니나는 분노를 참으려 말없이 창 밖을 내다보았다.

"당신이 오해하고 있소. 당신도 내가 인도주의적 입장에 찬성하고 있다는 것을 잘 알 거요"

"그렇다면 어떻게 윤리적인 것과 전혀 다른 의학적 입장을 찾아낼 수 있지요?"

나는 문득 니나가 싸움을 걸고 있다는 것을 깨달았다. 니나는 무슨 이유에서인지 내게서 멀어져 가고 있었다. 니나가 나를 바라보는 시선은 매우 낯설었다. 잠시 후 니나는 내 목에 팔을 감고 말했다.

"용서해 주세요. 하지만 거짓인 줄 알면서도 그것을 배워야 한다는 건 견딜 수가 없어요. 선생님, 전 이제 어떡하면 좋을까요? 지금부터라도 다른 직업을 찾아보는 것이 나을 것 같아요. 거짓말할 필요가 없는 그런 직업 없을까요?"

나는 생각해 보겠다고 했다. 밤이 깊었으므로 니나는 돌아가기 위해서 일어섰다.

니나는 재빨리 내게 키스하더니 돌아서서 뛰기 시작했다. 그 모든 것에 대해서 혼자 생각해 봐야겠다는 것이다. 인적 드문 거리에는 니나의 발소리만 크게 울려 퍼졌다. 그렇게 해서 니나는 영원히 내게서 떠나 버렸다.

1934년 2월 28일

일주일 만에 나는 니나를 다시 만났다. 니나는 그 동안 바빴다고 했다. 우리는 아주 일상적인 대화를 나누었다. 니나는 느닷없이 말했다.

"대학 서점에 일자리를 구했어요. 저한테 아주 어울리는 일이에요."

"그러니까 나 대신 점원 자리를 택하겠다는 말이오? 당신은 날 조금도 사랑하지 않고 있군?"

"사랑해요."

니나는 나직하게 말했다.

"그럴 리 없소. 당신이 나를 조금이라도 사랑한다면, 내게 이렇게 큰 고통을 주진 않을 거요."

그 순간 니나의 눈에 눈물이 가득 고였다. 그러나 울지는 않았다.

"제가 누군가를 사랑한다면 그건 당신뿐이에요."

그러나 나는 이미 자제력을 잃었다.

"당신이 사랑하는 건 위험뿐이야. 당신은 모험과 생을 사랑할 뿐이지, 나를 사랑하는 것은 아니오. 당신은 나를 통해 생을 사랑하지만, 나는 당신을 사랑함으로써 생을 사랑할 수 있소. 그게 우리 두 사람의 차이지."

나는 맹목적인 고통에 휘말리며 소리쳤다.

"그러니 당신은 내게서 떠나도 좋소."

"무슨 말씀이세요?"

나는 니나의 눈에 떠오른 공포를 보고 자신이 없어졌다. 대체 내가 무슨 말을 하고 있는 것인가? 그러나 나는 멈출 수가 없었다.

"당신은 충실함이 뭔지 모르는 여자야. 당신은 언젠가는 내 곁을 떠나고 말 테지."

"무슨 말씀이세요? 제가 결혼한다면 당신과 하겠다고 한 약속을 잊으셨어요?"

그러나 나는 여전히 파괴욕에 사로잡혀 소리쳤다.

"그래, 당신은 지금 당신이 한 약속 때문에 고민하고 있는 거요. 당신은 다시 자유를 원하지? 그래, 그것을 돌려주겠소."

니나는 가냘픈 목소리로 말했다.

"당신은 더 이상 저를 원하지 않는군요. 알겠어요."

그제서야 나는 조금씩 자신을 억제할 수 있게 되었다.

"니나, 날 그렇게까지 끔찍하게 오해할 필요는 없소."

"끔찍한 건 바로 당신이에요."

"아니, 끔찍한 건 삶이오."

"그래요, 당신이 그렇게 만들고 있으니까."

"내가 당신을 얼마나 사랑하는지 잘 알 거야. 난 당신이 스스로 원해서 내게 와 주었으면 하오."

니나는 화가 나서 말했다.

"좋아요. 당신이 말한 자유를 다시 돌려받겠어요."

집으로 돌아왔을 때는 밤이었다. 나는 넓은 들판에 차를 세우고 핸들에 얼굴을 파묻은 채 자정까지 있었다.

1934년 4월 22일

오래 전부터 예감해 온 바로 그 날이 왔다. 이별의 날. 니나는 학교를 그만두고, 대학 서점의 점원이 되었다. 니나가 나를 찾아왔을 때, 나는 이미 무슨 일이 일어나리라는 것을 깨달았다.

우리는 함께 차를 마셨다. 나는 나 자신도 놀랄 만큼 상냥하게 굴었다. 니나는 그런 나를 내버려 두었다. 그렇다고 냉담한 태도는 아니었다. 니나는 결코 냉담할 수 있는 타입이 아니다. 그녀에게는 본질적인 따뜻함이 있다. 그러나 지금 니나의 눈에는 비애가 떠올라 있었다.

"드릴 말씀이 있어요."

"해 보시오."

나는 태연한 척 말했다.

"당신은 지난번 저와 했던 약속을 돌려주셨지요? 이제 전 그 자유를 받아들이겠어요."

"당신은 한 번도 그걸 뺏긴 일이 없소."

"아뇨. 전 당신에게 그걸 묶어 두고 싶었어요. 선생님, 정말 그러길 원했어요."

니나는 나로서는 너무 길게 느껴지는 간격을 두고 말했다.

"제가 원하지 않은 건 아니에요."

"그럼 내가 원하지 않았단 말인가?"

나는 악의에 차서 물었다.

"잘 아시잖아요? 절 데려가는 것이 결코 다른 남자가 아니란 걸 말이에요."

'데려간단 말이지' 하고 나는 속으로 부르짖었다.

"아마 그 누구도 당신처럼 날 사랑하진 못할 거요."

니나는 나이보다 훨씬 늙어 보이는 미소를 띠며 말했다.

"전 사랑이 뭔지 잘 몰라요. 그러나 한 가지는 분명히 알고 있어요. 제가 무엇에도 구속당하지 않으리라는 것을 말이에요. 전 자유롭고 싶어요. 저로서도 알 수 없는 무언가가 절 자꾸 앞으로 내몰아요. 처음부터 그런 점을 분명히 밝히지 못한 건 제 잘못이에요. 하지만 당신 곁에 머무르길 원한 것도 사실이에요."

니나의 마지막 말은 내 가슴을 파고들었다.

"전 며칠 전 꿈을 꾸었어요. 나는 유리처럼 얇고 투명한 어떤 껍질 속에 갇혀 있었어요. 나는 어떻게 해서든 그 안에서 빠져 나오고 싶었어요. 그 때 누군가가 말했어요. 그 껍질이 너를 갈라놓고 있다고……. 저는 그것이 무엇인지 알고 있어요. 자유, 평화, 예지 그리고 그 밖의 많은 것들……. 아무튼 그것들은 내가 필요로 했던 것들이지요."

그러나 빠르게 덮쳐 오는 고통 앞에서 나는 무장이 필요했다. 그래서 나는 마음을 딱딱하게 굳히고 말했다.

"니나, 난 당신을 조금도 경멸하지 않소. 당신은 늘 자유롭고, 난 당신의 발전 가능성을 높이 평가하오. 하지만 그것을 위해 우리 사이에 완전한 단절이 필요하다는 것은 받아들이기 어렵소."

"당신이 상처를 입고 있다는 건 알아요. 하지만 어쩔 수가 없어요. 난 당신이 상상하고 있는 것의 절반에도 못 미치는 여자예요."

그 말끝에 니나는 미소지었다.

"난 당신의 가치를 과대 평가하고 있는 건 아니오. 하지만 내가 산고양이를 길들일 수 없다는 것은 알았어야 했어."

니나는 당혹한 듯 나를 바라보았다.

"이제 날 아주 안 만나실 생각이세요?"

"당신이 날 만나러 오든 안 오든 그건 전적으로 당신의 자유겠지."

말은 그렇게 하면서도 내 가슴은 어리석은 희망으로 뛰기 시작했다.

"그럼 이만 가 볼게요."

니나가 나직하게 말했다.

"잘 가시오."

나는 창가에 서서 니나의 뒷모습을 지켜보았다. 이제 나는 철저히 혼자다. 처음부터 이런 종말을 예감하고 있었기에 새삼 절망할 필요도 없었다. 니나는 이제부터 한결 가벼운 마음으로 살아갈 것이다. 그런데 나는? 나는 어떻게 된단 말인가?

어느 새 니나가 내 뒤에 와 있었다.

"언닌 정말 열심이로군. 난 대체 내가 왜 아직도 여기에 있는지 모르겠어. 여권과 비자도 받았고, 모든 게 끝났는데……. 내일 떠날까? 그런데 언니는 언제 떠날 거야?"

"사실은 오늘 밤차로 갈 예정이었어. 남편이 내일 돌아올 거야."

"하루쯤 혼자 있는다고 어떻게 되진 않아. 전보를 쳐."

나는 전화로 전보를 쳤다. 그 사이 니나는 다시 술을 마시고 있었다. 그것은 니나에게 어울리지 않는 모습이었다. 그러나 꼼짝도 하지 않고 허공을 바라보는 니나에게 나는 아무 말도 할 수 없었다. 니나는 쓰디쓴 어조로 말했다.

"사람들은 내가 어떤 상황에서도 용감한 여자이길 바래. 그들은 내가 감당하기 어려운 공포에 몸을 내맡긴 인간이란 걸 알지 못하지. 그래, 어디 우편물이나 챙겨 볼까?"

우편물들을 뒤적이기 시작하던 니나의 눈이 문득 빛났다.

"아이들이 보낸 편지야."

니나의 목소리는 그 어느 때보다 따뜻하고 감동이 배어 있었다. 나는 니나가 그처럼 빛나는 얼굴을 할 수 있다는 것에 놀라움을 느꼈다.

"루트가 보낸 거야. 그 앤 지금 열네 살이야."

"뭐라고 썼니?"

니나는 한참 편지를 들여다보더니, 명랑한 어조로 말했다.

"새로 오신 음악 선생님한테 완전히 반했다는군. 들어 봐. ……. 난 선생님을 볼 때면 마구 심장이 뛰어. 물론 선생님은 모르고 계시지만……. 엄마한테 이런 이야기를 할 수 있어서 정말 좋아. 엄마는 이 세상에서 내가 상상할 수 있는 가장 멋진 엄마니까……."

니나는 행복한 얼굴로 말했다.

"애도 정말! 루트는 알렉산더의 감성과 재능을 물려받았지. 이건 마르틴이 보낸 거야. 열세 살인데 제 누나와는 아주 딴판이지. 퍼시의 아이야."

니나는 여전히 행복한 얼굴로 편지를 읽었다.

엄마, 난 내년에 소년단을 따라 영국에 갈 거야. 그래서 돈을 모으고 있어. 루트가 그러는데, 엄마는 어떤 영국 남자랑 결혼하게 될 거래. 하지만 난 루트의 말을 믿지 않아. 엄마는 지금까지 우리한테 비밀이 없었으니까. 우리 걱정은 하지 않아도 돼. 수학이랑 물리에서 만점을 받았어. 이 두 과목에서만은 내가 단연 최고야…….

니나는 편지를 가방 안에 넣었다.
"나도 아이가 있었더라면……."
"언니, 누구든 모든 걸 다 가질 수는 없어."
"하지만 넌 다 가졌잖니?"
"맙소사, 과장이 좀 심하군. 나한테는 남편도 없잖아?"
"하지만 넌 그 이상의 것을 갖고 있지 않니?"
니나는 나에게 아들이 있었다면 지금쯤 전쟁에 나갈 나이가 되었을지도 모른다고 했다. 물론 나도 지금과 같은 시대에는 아이가 없는 편이 낫다고 여겨 왔다. 그러나 지금은 잃어버린 것으로 인해 슬픔에 잠기는 쪽이 처음부터 갖지 않았던 쪽보다 낫다는 생각이 들었다. 나는 그 때 처음으로 고통 또한 삶의 재산임을 깨달았다.
니나는 내게 남편을 사랑하느냐고 물었다. 나는 그를 사랑하기는 한다. 그러나 나는 쾌적한 집을 사랑하는 기분으로 그를 사랑한다. 그러니 그건 하나의 타성일 뿐이다.
난 이미 오래 전부터 충실이란 불가능하며, 다만 서로가 지켜 나가려는 공동 생활의 타성이 존재한다는 사실을 깨달았다. 내 남편은 자주 잘츠부르크에 간다. 나는 그가 그 곳에 일이 많다는 것을 알고 있다. 하지만 일이 끝난 다음에는? 그 다음에 그는 뭘 할까? 그러나 이런 생각조차 나에게 그 어떤 아픔을 주지는 못 한다. 아무래도 나는 너무 늙은 모양이다. 그런데 니나와 그 남자는 어떻게 될 것인가? 불덩어리 같은 두 개의 별이 부딪칠 때 어떤 일이 일어날까? 그들이 그 불덩어리를 식히지 못하면 둘은 충돌해서 살아남지 못할 것이다.

니나는 우편물의 반을 나에게 넘기면서 중요한 것이 있으면 말해 달라고 했다. 출판사에서 온 계산서와 내가 아는 한 도안가가 니나에게 보낸 스케치와 엽서 따위였다. 그 도안가는 아내와 사이가 아주 좋은 줄로 알고 있다. 그런데도 이런 열정적인 엽서를 보내다니! 편지는 아직 많이 남아 있었다. 그 때 문득 니나가 외쳤다.

"저것 좀 봐. 햇살 말이야."

우리가 모르는 사이에 비가 내렸던 모양이다. 니나가 창문을 열자, 빛의 향기가 파도처럼 몰려들었다.

사랑의 비밀

"나가지 않을래?"

니나가 서두르며 말했다. 니나는 내가 코트를 입는 동안, 초조하게 문 앞에 서서 기다렸다. 마치 아주 중요한 순간을 놓치기라도 한다는 듯이. 우리는 이리저리 배회하며 봄의 향기를 맘껏 들이마셨다. 우리는 간단한 식사를 하고, 영국 공원으로 가기로 했다. 문득 니나는 어떤 포스터 앞에서 걸음을 멈추고 중얼거렸다.

"오르페우스! 오늘 밤 오르페우스 공연이 있어."

나는 그것이 왜 니나를 흥분시키는지 알 수 없었다. 니나는 다른 데 정신이 팔린 사람처럼 보였다. 어쩌면 그 남자는 가수일까? 아니면 연출자? 아니면 그 남자는 이 오페라를 보기 위해 뮌헨에 와 있는지도 모른다. 세상에, 내가 모든 것을 그 남자와 연결시키고 있다니!

146 ■ 린 저

니나는 초조함이 가득한 눈빛으로 그만 돌아가자고 했다. 돌아오는 길에 니나는 뭔가에 쫓기는 듯한 모습이었다. 니나가 집으로 서둘러 돌아가려는 이유는 무엇일까?

니나는 아주 빨리 걸어가면서도 말을 하는 재주를 가지고 있었다. 니나의 말은 대부분 자동차 굉음에 끊겨 나갔으나, 종합해 보면 대충 다음과 같은 내용이었다.

니나는 언젠가 그 남자와 함께 오르페우스 공연을 보러 갔었다. 그 오페라는 그들이 함께 들은 최초의 음악이었다. 음악에는 둘 다 재능이 있었기에 두 사람은 아름다운 음악에 완전히 빠져들었다. 내 생각에 두 사람은 사랑과 음악에 마비되었던 것 같다.

그러나 오페라는 곧 막을 내렸고 밖에는 비가 내리고 있었다. 두 사람은 하는 수 없이 비를 피해 한구석에 서 있었다. 그 때 남자가 니나에게 싸움을 걸었다. 아무것도 아닌 걸로 싸웠으나 니나는 그 일로 비참해졌다. 니나는 행복이 단지 두 시간만 지속되었다는 사실에 놀라지 않을 수 없었다. 니나는 비를 맞으며 울었다. 그러자 그는 사람들이 보는 앞에서 큰 소리로 말했다.

"두 번 다시 당신과 음악을 듣지 않겠어."

훨씬 뒤에야 니나는 그가 사랑을 고백한 것에 대해 후회와 수치의 감정을 느꼈기 때문이란 것을 알았다. 모르긴 해도 그 남자와 함께 지내는 것은 꽤 까다로웠을 것 같다. 그는 자주 니나를 수수께끼 같은 의문에 빠지게 했던 모양이다. 그러나 니나는 그런 식으로 그의 신비성을 지키고 싶었는지도 모르겠다. 그것이 곧 그들의 사랑의 비밀이었을 것이기에.

집에 도착하자 니나는 재빨리 계단을 뛰어올라갔다. 그 사이에 누가 다녀갔으리라고는 생각할 수 없었다. 그러나 니나는 아무도 와 있지 않은 사실에 실망하는 것 같았다. 그러더니 느닷없이 말했다.

"난 지옥이 어떤 것인지 알고 있어. 그건 스스로가 이젠 다시 사랑할 수 없으며, 한 사람을 영원히 만날 수 없으리라는 걸 깨닫는 거야."

니나는 체념한 듯 미소지었다. 그러나 체념은 니나의 본질에 어긋나는 것이다. 니나는 깊이 절망하거나 초조와 고통을 받아들일 수는 있으되, 결코 체념해서는 안 되었다. 나는 절망으로 가득 찬 니나의 얼굴을 차마 바라볼 수가 없었다.

퍼시의 죽음

나는 다시 일기를 펴들고 1934년 4월 22일자에 이은 여백을 찾기 시작했다. 니나는 그런 내 행동을 물끄러미 바라보며 말했다.

"1934년? 그 해에 난 뭘했더라? 그래, 그 해엔 아무 일도 없었어. 서점에서 일하고 있었고……. 아! 그 때 난 퍼시와 사귀었어. 어떻게 그걸 잊을 수가 있었지? 어느 날, 나는 슈타르베르크에서 뮌헨으로 오는 기차를 타고 있었어. 그 때 유리창에 비친 한 남자의 얼굴을 보았는데, 그가 바로 퍼시였어."

"인상이 어땠니?"

"응. 그냥 남자다웠어."

니나는 흥미없다는 듯이 말했다.

"키가 크고, 금발인 데다가, 푸른 눈을 한 스포츠맨 타입이었어. 그게 나중에는 더 참을 수 없었지만 말이야. 하지만……."

니나는 재빨리 말했다.

"그는 여러 가지 점에서 완벽한 타입이기도 했어. 특히 죽는 순간에는 굉장했지. 내가 독약을 갖다 주었거든. ……. 그렇게 끔찍한 얼굴로 보지 마. 난 다만 그를 교수대로부터 구해 준 것뿐이야."

"그 사람은 갇혀 있었니?"

"그래. 그런데 난 모르고 있었어. 우리는 오래 전에 헤어졌으니까. 1944년 어느 날 밤에 클레레라고, 그 여자가 찾아왔어. 내가 얼마나 자기를 참을 수 없어 하는지 그 여자는 잘 알고 있었지. 이 얘기를 하는 건 언니의 이해를 돕기 위해서야."

"알아. 네 목소리에 나타나 있어. 넌 지금도 그 여자 얘길 하는 게 힘들어 보여."

"그건 사실이야. 벌써 오래 전 일인데, 아직도 끔찍했던 그 때의 감정이 남아 있는 것 같아. 그 여자는 마치 허기진 개와 같은 표정을 하고 있었어. 난 그 여자의 어디가 퍼시의 마음에 들었는지 이해할 수 없었어. 그 여자는 예쁘지도 않았고, 아주 큰 이빨을 갖고 있었어. 게다가 화가였는데, 그림을 아주 못 그렸어. 그 점이 바로 나로 하여금 퍼시를 용서할 수 없게 만드는 거야. 하지만 그 뒤로 그 여자는 슬픈 일을 많이 겪었어."

"퍼시는 그 여자와 결혼하지 않았니?"

"몰라. 어쨌든 나를 찾아왔을 때, 그 여자는 임신을 하고 있었어. 벌써 7개월째였지. 그 여자가 임신한 것을 보고 나는 처음에 퍼시가 그 여자를 버린 것이라고 생각했어. 그래서 나를 찾아왔구나! 하지만 그런 일은 나와 상관 없으니 어서 꺼지기나 해라, 이런 생각을 하고 있었지. 그러나 그 여자의 얼굴은 초록빛이 날 정도로 질려 있었어. 물론 그런 꼴을 보니 내 기분은 통쾌했어. 남편의 정부가 잘못되는 꼴을 보면 나도 기쁘니까."

니나는 그 말을 강조하듯 말했다.

"나는 클레레에게 커피를 끓여 주었어. 나는 그 전쟁 중에도 용케 커피 열매를 가지고 있었지. '오, 진짜 커피로군요.' 그 여자가 말했어. '그래, 보시다시피 난 이렇게 잘 살고 있다.' 하지만 그건 마지막 남은 커피였어. 그 때까지도 그 여자가 날 찾아온 이유를 말하지 않자, 나도 일부러 잠자코 있었어. '너희들이 나를 내쫓은 밤을 생각해 봐라, 나는 그날 밤, 술집 의자에서 밤을 보냈다.' 그 때 네가 말했지. '내가 오래 전부터 퍼시의 아내라는 걸 몰라요?' 그 때의 일을 떠올리며 나는 일어나서 라디오를 켰어. 무도곡이 흘러나왔고, 그 여자는 기분이 상한 것 같았지. 퍼시가 죽어 가요, 그 여자가 말했어. 게슈타포한테 잡혀갔어요. 사형 선고를 받았대요. 내가 다그치자, 퍼시가 다음 주에 교수형을 당할지도 모른다고 말했어. 그 때 내가 무슨 대답을 했는지 기억이 안 나. 나의 악의적인 쾌감을 부끄러워할 겨를도 없었으니까. '어떻게 하면 그 사람을 살릴 수 있지요?' '방법이 없어요.' 난 어떻게 해서든 그를 구해야겠다는 생각뿐이었어. 그는 트라운슈타인에 있는데, 곧 슈타들하임으로 옮겨질 것이고, 거기서 처형될 거라고 했어. 그 여자는 그를 만날 수 있는 사람은 나뿐이라고 했어. 나는 그 사람의 아이를 낳았으니까. '하지만 그 사람이 보고 싶어하는 것은 당신이지, 내가 아닐 거야.' '아무래도 상관 없어요. 그 사람은 지금 누군가와 대화를 해야 하니까요. 그렇게 내버려 둘 수는 없어요.' 나는 말했어. '좋아요. 내가 가지.' 난 누구라도 그런 상황이었으면 기꺼이 도와주었을 거야. 다만 그게 퍼시라는 게 저주스러울 뿐이었지. 다음 날, 나는 클레레와 함께 그 곳으로 갔어. 계절은 2월인데 몹시 춥고 습기 찼어. 도시 전체가 잿빛이고 우리는 마치 세상 밖에 존재하는 느낌이었어. 우린 호텔에서 2인용 방을 간신히 구했어. 난 클레레와 함께 침대를 써야만 했어. 스팀이 고장 났는지, 방 안은 몹시 추웠어. 다행히 첫날에 나는 면회 허가를 받았어. 내가 면회중을 보였더니, 소장이 간수에게 큰 소리로 '퍼시 할!' 하고 이름을 불렀어. 두 번 세 번 불러도 아무 기척이 없자, 나는 그가 이미 죽은 것이라고 생각했지. 그 때 소장이 말했어. '앉아 계시면 내가 데려오겠습니다.' 나는 소장에게 물었지. '제 남편은 사형 선고를 받았나요?' 그러자 그는 외면하면서 이렇게 말하더군. '모릅니다.' 나는 다시 물었어. '그 사람은 언제 이 곳을 떠나게 되나요?' 소장은 어깨를 으쓱하더니 이렇게 말했지. '아마도 월요일쯤에, 그 때까지는 매일 면회할 수가 있어요.' 그 날은 이미 수요일이었어. 다음 순간 퍼시가 들어왔는데, 수염이 자란데다 무섭게 말라 있었어. 나를 보자 그는 무척 당황해했지. 나 역시 죄수에게 어떤 태도를 취해야 할지 몰라 한동안 아무 말 없이 앉아 있었어. '클레레가 왔어요. 안부를 전해 달라더군요. 임신 7개월째예요.' 그는 중얼거리며 말했어. '고맙소, 내 안부도 전해 줘요.' 그리고는 이렇게 덧붙였지. '내가 지금 어떤 처지인지 당신도 잘 알고 있겠지?' 그 때 간수가 형벌에 관한 얘기는 금지되어 있다고 말했어. 하지만 굳이 퍼시가 말하지 않아도 이해할 수 있었지. 간수가 전화를 받으러 간 사이, 퍼시가 담담하게 물었어. '독약을 구해다 줄 수 있겠어? 난 이 자들의 손에 죽고 싶진 않아. 내일 그걸 꼭 좀 구해다 주면 좋겠는데.' 나는 얼른 대답하지 못했어. 5분 동안의 면회는 곧 끝이 났지. 오후 내내 거리를 배회하며 나는 골똘히 생각했어. 그리고 마침내 그것을 찾아냈어. 언니, 나는 퍼시에게 독약을 가져다 주지 않으면 안 되었어. 그리고 거기에 대한 책임을 나 혼자서 져야만 했지. 난 퍼시가 끔찍하게 긴 마지막 날들을 그대로 겪게 내버려 둘 수는 없었어. 그날 밤 나는 곧장 슈타인에게로 차를 몰았지. 자정이 넘었지만, 그 사람은 깨어 있었어. 그 사람은 누구냐고 묻지도 않고 문을 열어 주었어. 마치 날 기다리고 있었다는 듯이. 뒤에 알았지만, 그 사람은 자기가 체포되길 기다리고 있었던 거야. 그는 면도도 하지 않은 얼굴로 나를 맞아 주었어. 나는 그가 퍼시를 좋아하지 않는다는 것도, 그리고 그것이 얼마나 위험한 일인지 다 알면서도 내가 찾아온 용건을 말했어. 그는 오랫동안 침묵을 지켰어. 아무 말 없이 방 안을 왔다갔다할 뿐이었지. 그런 다음, 운명을 앞질러서는 안 된다고 완강하게 말했어. 퍼시가 누구에게 독약을 입수했는지 탄로가 날 것이고, 구제될 수 있는데도 퍼시가 독약을 먹을 수도 있다…… . 하지만 난 떠나지 않고 기다렸어. 아침이 되었을 때야 그는 카페인을 주면서 버터와 섞어서 빵에다 바르라고 했어. 거리로 나섰을 때, 나는 비로소 그가 나를 바라보던 눈빛이 생각났어. 나는 다시 그에게로 돌아갔어. '선생님에게 무슨 일이 일어났지요?' 그는 별일 아니라고 말했어. 정치적으로 믿을 수 없다는 이유로 자신이 의심받는 것뿐이라고. 그는 그냥 그대로 있으면서 일을 하겠다고 했어. 자신은 오래 전부터 '그것'을 기다렸다고. 하지만 그건 진실이 아니었어. 그 사람은 자신의 연구와 학생들에 대한 사랑을 가지고 있었고, 그것을 잃게 될까 겁내고 있었던 거야. 내가 그를 사랑하게 되었다면, 아마 그 날 아침부터일 거야. 내가 뒤돌아보았을 때, 그는 바위처럼 단단하고, 무섭도록 외롭게 서 있었어. 그 모습에는 사람의 마음을 아프게 하는 힘이 있었어. 그 사람이 만일 그 때 청혼했다면 나는 아마 그와 결혼했을 거야."

"동정심으로 말이니?"

"아니. 존경심에서…… . 또는 우정에서. 하지만 난 다행스럽게도 그러지 않았어. 트라운슈타인으로 가는 기차 안은 난방도 안 되고, 게다가 나 혼자였어. 비는 차창 가득 들이치고, 끔찍한 생각에 시달렸지. '내 핸드백 안에는 독약이 들어 있다. 이걸 퍼시에게 가져다 줘야 한다.

그러면 그는 죽게 될 테고…….' 이러저런 생각으로 녹초가 되어 트라운슈타인에 도착한 나는 변호사를 찾아갔어. 그는 퍼시에게 사형 선고가 내려졌다고 말했어. 치즈 빵을 흐뭇하게 먹으면서 말하는 그에게서 나는 구토를 느꼈지. 내가 호텔로 돌아가자 클레레는 신경과민에 걸려 있었어. 그 여자는 내 얼굴이 왜 그렇게 창백한지 물었어. 그녀는 의심이 많아서 나를 더 견디기 어렵게 만들었지. 나는 호텔을 나와 어떤 식당에 들어갔어. 그리고는 빵과 버터를 주문했지. 나는 그 중 한 개를 먹어치웠어. '내가 어떻게 그걸 먹을 수 있었을까?' 식당에는 마침 손님이 하나도 없었어. 나는 태연하게 카페인을 섞은 버터를 빵에다 발랐어. 형무소에 갔을 때, 직원은 마치 다 알고 있다는 표정으로 날 바라보았어. 이윽고 퍼시가 나타났어. '클레레는 잘 있어요. 당분간 제가 데리고 있겠어요.' 그는 고맙다고 말했어. '아참, 배고프지 않으세요? 제가 뭘 좀 가져왔는데요. 사과 몇 개 하고 빵이에요.' 간수는 나에게서 빵을 빼앗더니 그것을 잘게 잘랐어. 나는 퍼시에게 눈짓을 했지. '고맙소. 아이한테 내 키스를 전해 주오. 난 당신을 위해서 겁내지 않겠소.' 그런 다음 그 사람은 끌려갔어. 그게 마지막이야."

"그 사람은 죽었니?"

"응. 나는 이틀 후에 그가 죽었다는 소식을 들었어. 경찰이 찾아왔을 때, 나는 아주 태연하게 굴었지. '내가 어떻게 그 사람에게 독약을 갖다 줄 수가 있겠어요? 내 남편은 만일의 경우에 대비해서 늘 독약을 지니고 있었어요.' 그들은 내게서 아무것도 찾아내지 못했어. 그 뒤 나는 클레레를 퍼시의 아주머니에게 데려다 주고, 매주 그 여자를 찾아갔어."

"세상에, 어떻게 그런 일을 할 수 있었니?"

"처음에는 그렇게 힘들지 않았어. 퍼시의 죽음으로 정신이 없었으니까. 그러나 차츰 힘들어지더군. 반 년 정도가 지난 뒤, 나는 그 여자에게 퍼시의 죽음을 알렸어."

"오! 니나!"

나의 감탄 속에는 끔찍한 무엇이 섞여 있었다. 니나는 결코 차갑거나 메마른 인간이 아니었다. 오히려 정열적이고 세심했다. 나는 비로소 니나가 다른 사람에게도 용기와 결단을 요구하는 이유를 알 것 같았다. 그러나 니나의 얼굴을 보았을 때, 나는 내가 받은 충격을 말할 수가 없었다. 니나의 표정은 진지하고도 무표정했다.

"내가 보기에……, 넌 퍼시를 사랑한 것 같구나."

"모르겠어. 시작부터가 내 의사와는 반대로 일이 진행되었으니까. 정신을 차릴 새도 없이 말이야. 처음 퍼시를 보았을 때, 나는 그를 외면했어. 그는 나와 같은 역에서 내렸고, 나와 같은 전철을 탔어. 전철 안에서도 그는 줄곧 나를 쳐다보았지. 그는 퀘기닌 가에서 내게 말을 걸어 왔어. 5분 뒤 내 팔을 잡았고, 한 시간 후에는 키스를 했어. 나는 그가 건축가라는 사실과, 결혼해서 아내를 먹여 살릴 정도의 돈은 있다는 것도 알게 되었어. 우린 서로 주소를 교환했지. 주말에는 함께 숲에 놀러가기로 약속도 했어. 지독하게 아름다운 가을이었고, 나는 퍼시 한 사람 때문에 그 며칠이 아름답다고 생각할 정도였어. 함께 뮌헨으로 돌아왔을 때, 우리는 약혼한 사이나 다름없었지."

"그가 네 마음에 들었단 말이니?"

"글쎄, 그는 단순하면서도 활기가 넘치는 사람이었어. 좀 경솔했지만, 내 마음을 사로잡는 데가 있었지. 나는 내 청춘에 마침표를 찍고, 퍼시와 함께 살 준비를 시작했어. 우리는 가구를 사 들였고, 냄비며, 커튼도 마련했어. 아, 언니는 내가 얼마나 순종적이기를 원하는지 모를 거야."

"설마! 너처럼 독립적이고, 고집 센 아이가……."

"그야 그래야만 했으니까……. 모두들 니나 부슈만은 현대적인 여성이다, 해방된 여성의 전형이다, 하고 생각들을 하지. 그 여자는 자신과 아이들을 위해 돈을 벌고, 남자들처럼 분명하게 인생을 손아귀에 넣는다……. 아, 하지만 그것은 생의 일부분에 지나지 않아. 그 밖의 것은……."

니나는 잠깐 어두운 시선을 던졌다.

"언니, 난 구식 여자야. 난 결혼을 믿고 있어. 모든 정상적인 여자는 누구나 다 훌륭한 결혼 생활을 원한다고 말이야. 언니, 언니도 그렇게 생각하지 않아?"

"아니."

나는 그렇게밖에 대답할 수 없었다. 그것은 내가 좋은 아내임에도 불구하고, 여성의 자유에 대해서는 늘 찬성해 왔기 때문이다. 니나는 창밖을 내다보더니 말을 계속했다.

"참, 언니에게 내가 퍼시를 슈타인에게 데리고 간 얘기를 했던가? 내가 무슨 생각으로 두 사람을 만나게 했는지 모르겠지만, 그 만남은 실패로 끝나고 말았어. 두 사람은 타협할 수 없을 만큼 서로 달랐으니까. 나는 퍼시에게 슈타인은 나의 오랜 친구인데 만나 보지 않겠느냐고 물었고, 퍼시는 나와 함께 슈타인을 방문했어. 두 사람은 마지못해 악수를 하고, 적의에 찬 얼굴로 담배만 피워 댔어. 당분간 슈타인 때문에 걱정할 일이 없어진 헬레네와 내가 대화를 도맡아야 했지. 우리가 다시 그 집을 나왔을 때 퍼시가 물었어. '이봐, 당신들은 대체 어떤 관계지?' '우정 이외에는 아무것도 없어요.' '그는 사람들이 국경을 넘는 일을 도와주었어요.' 그러자 퍼시가 말했어. '당신은 그 친구가 당신을 사랑하고 있다는 것을 눈치채지 못하고 있군그래. 그는 내가 당신을 자기에게서 빼앗았기 때문에 미워하고 있는 거라고.' 나는 퍼시에게, 당신의 부족한 감수성과 정신 때문에 그가 당신을 미워하고 있다고 말해 주고 싶었지. 순간적이긴 했지만 나는 퍼시와 결혼해선 안 된다고 느꼈어. 하지만 난 스스로의 경고를 바람에 날려 버렸지. 두 번째 경고는 성탄절 날에 일어났어. 퍼시는 휴가를 자신의 가족들과 함께 보내자고 했어. 하지만 난 그 때까지도 그의 집안에 대해 아는 것이 아무것도 없었어. 우리가 초인종을 누르자, 뚱뚱한 부인이 양손에 밀가루를 잔뜩 묻힌 채 달려나왔어. 부인은 우리를 와락 부둥켜안더니 이층 계단을 향해 소리쳤어. '키티, 내려오너라. 퍼시와 그 애 약혼자가 왔다!' 주방에는 몇 광주리나 되는 크리스마스용 비스킷이 여기저기 널려 있었어. 퍼시는 혼자 어디론가 나가 버렸고, 나는 수증기 속에 앉아서 그의 어머니가 지껄이는 소리를 듣고 있었어. 딱 한 번 키티가 들어왔었어. 열아홉 살쯤 됐는데, 아주 예쁘게 생긴 아이였어. '그래, 당신이 니나로군. 어떻게 이런 집안으로 시집올 용기를 다 내셨지?' 그 애는 담배 꽁초를 부엌 안으로 휙 던지고는 사라져 버렸어. '저런! 애야, 신경쓰지 마라.' 그리고는 키티의 등뒤에 대고 소리쳤어. '키티, 선물 교환할 때까지는 돌아와야 한다.' 그러자 키티가 악을 썼어. '나보고 그런 센티한 놀이에 끼여들라고요?' 그리고는 사라져 버렸지. 나는 느닷없이 슈타인 생각이 났어. 그 사람의 집이었다면 모든 것이 상상할 수도 없는 일이었으니까. 그 때 퍼시가 돌아왔어. 나는 속이 메스꺼워질 때까지 먹고 또 먹어야 했어. 그런데 그 때까지도 퍼시의 아버지는 돌아오지 않고 있었어. '내가 나가서 노인을 찾아봐야겠어.' 퍼시가 나가자, 어머니는 노인의 흉을 보기 시작했어. '퍼시는 어때요?' '그 애는 나를 많이 닮았지. 하지만 정신

차려야 해. 그 애는 열다섯 살에 첫 여자를 사귀었고, 계속 그런 꼴로 살고 있지. 네가 도와준다면 모든 게 잘 될 거야.' '그래요.' 나는 작은 목소리로 대답하고 밖으로 뛰쳐나왔어.. 나는 퍼시와 그의 집안 모두가 지긋지긋했어. 밖으로 나온 나는 길바닥에 드러누워 있는 한 남자를 발견했어. 그는 술에 잔뜩 취해 있었는데, 바로 퍼시의 아버지였어. 그는 거의 동사하기 직전이었어. 나는 큰 소리로 퍼시를 불렀어. 퍼시가 노인을 일으켜 집으로 데리고 들어갔지. '나는 이런 인생을 살기에 넌더리가 난다.' 노인이 소리쳤어. '개수작 말아요.' 퍼시의 어머니는 노인에게 뜨거운 차를 갖다 주며 말했어. 나는 혼자서 신음하고 있는 노인이 불쌍한 생각이 들더군. 퍼시가 크리스마트 트리 옆에 앉아 있는 내게로 오자, 나는 물었어. '당신은 왜 나와 결혼하려고 하지요?' 그 때 그가 한 대답을 나는 아직까지도 생생하게 기억하고 있는데, 그 대답은 묘하게 나를 위로해 주었어. '당신이라면 오늘 저녁의 이런 꼴을 보여 주어도 될 것 같으니까.' 퍼시는 내 정곡을 찌른 거야. 나는 비겁하게 굴지 않고, 끝까지 버티고 싶었어. 나는 여지껏 한 번도 성탄절의 저녁을, 그런 가족들과 지내 본 적이 없었어. 나는 그 모든 것을 소설로 써 볼 생각이었지. 그 노인은 다음 날 아침 딱할 정도로 부끄러워하며 식사를 마쳤어. 퍼시의 가족이 끔찍할 정도로 많은 양의 음식을 먹어치운 다음, 노인은 자신의 초라한 방으로 나를 초대했어. 그는 모순으로 가득 찬 자신의 집안에 며느리로 들어오게 된 것을 환영한다고 말했지. '네가 남편감으로 선택한 퍼시는 제 어미의 능력과 할아버지의 예술적 감성, 그리고 강직한 성격을 물려받았지. 하지만,' 노인은 목소리를 낮추며 속삭였어. '얘야, 인생이란 어려운 것이다. 그것은 함정투성이지. 누구도 자기 외의 다른 인간을 이해할 순 없어. 하지만 너는 나를 이해해 줄 것으로 믿는다.' 노인은 느닷없이 말했어. '그놈하고 결혼하지 마라.' 순간 나는 굉장히 얼떨떨했어. 나는 노인의 말이 전적으로 옳다는 것을 알았지만, 벌떡 일어나 말했지. '그건 제가 결정할 문제예요.' 그러자 노인이 다시 말했어. '난 늘 이런 꼴이야. 내가 최선을 다해도, 모두 나를 무시하거든.' 내가 그 집에 손님으로 있는 내내, 어디선가 문 부딪는 소리와 욕지거리가 들려왔어. 그런데도 불구하고 그 사람들은 한데 뭉쳐 있었어. 그 후 두 노인은 폭격으로 세상을 떠났고, 키티는 실수로 중독사했어. 마르틴이 그 집안의 유일한 생존자야."

저녁이 되었다. 우리는 어둠 속에 그대로 앉아 있었다. 니나와 함께 한 지난 며칠 동안은 내 생애에서 가장 기이한 날이다.

"니나!"

나는 니나의 마음을 파고들지 못할 거라는 것을 알면서도 얘기를 계속했다.

"너는 자신에 대해 너무 가혹한 거 아니니? 너는 네 삶에서 행복을 억지로 몰아내고 있어. 난 네가 진심으로 행복해지기를 바래."

"행복이라고? 그게 대체 뭐지?"

니나는 격렬하게 말을 이었다.

"언니는 내가 절망에 빠져 있다고 생각하는 거지? 사실 그래. 하지만 그럼에도 불구하고 난 행복해."

"너는 자신을 극단으로 몰고 가면 행복한가 보구나."

갑자기 견딜 수 없는 슬픔이 엄습해 왔다. 지금 위안이 필요한 사람은 니나가 아니라 나인 것이다. 갑자기 나는 지금까지 살아왔던 것처럼 계속 살아간다는 것이 불가능할 것 같다는 생각이 들었다.

니나는 혼자서 늪지대 안으로 바람을 쐬러 갔다. 나는 창가에서 니나가 걸어가는 모습을 지켜보았다. 밤거리에서 니나는 완벽하게 혼자였다. 나는 위스키를 한 잔 가득 따라서 단숨에 들이켰다. 어서 집으로 돌아가 이 며칠 사이에 일어난 일을 망각의 시간 속에 묻어 버리고 싶었다. 나에게는 나만의 생이 있는 것이다.

니나는 한참이 지나도록 돌아오지 않았다. 하는 수 없이 나는 슈타인의 일기장을 꺼내 들었다. 1934년 4월 22일의 기록, 그 이후로 계속되는 여백은 말 못할 내면의 사건으로 가득 찬 긴긴 휴식과도 같았다. 이어 12월의 기록이 나왔다.

완전한 절망

1934년 12월 2일

오늘 아침 니나의 약혼을 알리는 편지를 받았다. 왜 이 소식이 나를 흥분시키는 것일까? 하루 종일 나는 다카우의 늪을 헤매었다. 추적추적 비가 내렸다. 나는 외투가 젖어서 무겁게 되었을 때야 그 사실을 깨달았다. 밤중에 나는 어떤 낯선 역에 와 있는 자신을 발견했다.

니나는 약혼했다. 그리고 결혼할 것이다. 이 끔찍한 절망, 이제 모든 것이 끝났다. 나는 이제 생에서 무엇을 더 움켜잡을 것인가? 나는 최후의 희망이 깨어지는 듯한 기분에 사로잡혔다. 내 인생은 이제 끝장이 난 것이다. 하지만 나는 니나에게 축하하는 편지를 보내야 한다. 만약 답장을 보내지 않는다면 나는 무례한 사람이 될 것이다.

　　친애하는 부슈만 양, 당신 생의 변화를 알려 준 것에 대해 진심으로 감사 드립니다.

　　당신은 진지하게 고민한 끝에 그 같은 결론을 내렸을 테지요.

편지의 절반은 선으로 그어져 있었고, 다시 다음과 같이 씌어 있었다.

나는 당신이 특유의 결단으로 그것을 지켜 나가리라 믿습니다. 새로운 삶의 변화가 당신의 발전에 도움이 되기를 바랍니다.

1935년 12월 8일

니나는 왜 할이라는 사람을 나에게 데려왔을까? 니나는 내게 편지를 보내어 자기와 그 사람의 방문을 물어 왔다. 금발에 푸른 눈을 한 할이라는 사람은 아주 건강하며, 성공을 위해 필요한 만큼의 지성을 갖추고 있었다. 솔직하고 쾌활하며 전형적인 남성미를 갖추고 있었다.

나는 니나를 이해하려고 노력했다. 그 자는 어떤 방식으로든 니나를 압도한 것이다. 혹시 니나는 할처럼 관능적이지 못한 나를 불만스러워 한 것은 아닐까? 그렇다면 니나 같은 여자에게서도 침대가 정신보다 더 큰 역할을 하는 것일까?

1936년 새해 아침

나는 해마다 그랬듯이 헬레네와 함께 성탄절을 아네트 아주머니 댁에서 보냈다. 2년도 더 전에 니나가 썼던 방을 이번에는 내가 썼다. 밖에 나가 볼 생각은 하지도 못했다. 날씨가 좋지 않으니까. 하지만 나를 나가지 못하게 만든 것은 사실은 추억에 대한 공포, 그 추억으로 인한 고통에 대한 공포였다.

어제 아네트 아주머니가 나를 불렀다. 아주머니는 늙고 쇠약해져 침대에만 누워 지냈다. 그러나 아주머니의 눈은 여느 때보다 맑았다.

"넌 완전히 고집쟁이가 되어 버렸구나."

아주머니가 대뜸 이렇게 말했다.

"그 아이 때문이지?"

나는 순간적으로 마음의 문을 닫아 버렸다. 아주머니는 약간 힘든 목소리로 말을 계속했다.

"무슨 일인지 짐작이 간다. 하지만 네가 그 애하고 결혼했더라도 불행해졌으리라는 것은 너도 알고 있지 않니? 그러니 너 자신을 더 이상 괴롭히지 마라."

"아주머니도 아시지 않아요? 제가 니나를 얼마나 사랑했는가를요."

"나도 안다. 그 애는 네 인생에서 최후의 희망이었지. 너는 그런 것으로 나를 감동시키는구나. 이제 그만 가 보아라. 몹시 피곤하구나."

나는 방을 나와 정원으로 갔다. 갑자기 격렬한 고통이 찾아왔다. 하지만 고통은 금세 지나가 버리고, 나는 일종의 마취 상태에 빠졌다. 정원은 겨울답게 을씨년스러웠지만, 부드러운 색조를 띠고 있었다. 잎 떨어진 수풀과 얼어붙은 회양목 울타리, 그 모든 것들이 나를 보고 있었다.

어둠이 내릴 무렵, 나는 숲 속에 서 있었다. 공기는 차고 맑았다. 나는 고통과 기쁨을 동시에 느꼈다. 사방이 캄캄해져서야 나는 간신히 마을로 내려가는 길을 찾았다. 나는 밤새 진정제도 마다하며 뜬눈으로 누워 있었다. 눈물 속에 내 생의 모든 괴로움을 씻어 보냈다. 아침이 밝아왔을 때, 나는 새로운 생명이 솟아오르는 것을 느꼈다.

나는 내가 여전히 니나를 사랑하고 있다는 것을 안다. 하지만 그것 때문에 더 이상 방황하지는 않을 것이다. 나는 새로운 방법으로 니나를 사랑할 것이다. 니나는 내가 갖고 싶어하고, 되고 싶어하는 모든 것, 즉 인생 자체에 대한 은유인 셈이다. 나는 니나에게 편지를 쓰고 싶다. 니나로 인해 나에게 일어난 모든 일에 대해 감사한다고.

1936년 1월 30일

유쾌한 상태가 계속되고 있다. 나는 빼앗겼던 교수직을 되돌려받았다. 일부 학생들은 나의 복직을 불신감으로 바라보았지만, 대부분이 나를 환영해 주었다. 어쨌든 다시 강단에 설 수 있게 되어 기쁘다.

새해가 지난 지 얼마 되지 않아 나의 유일한 친구인 알렉산더가 찾아왔다. 그는 에그몬트 공연에서 에그몬트 역을 맡았다고 한다. 그는 한동안 취리히와 빈에 가 있었다. 그래서 우리는 서로의 소식을 모르고 있었다. 그러나 그와 내가 친밀감을 회복하는 데는 한 시간밖에 걸리지 않았다. 알렉산더와 내가 정반대의 인간이기 때문에 이 우정은 더더욱 놀라운 일이었다. 알렉산더는 뛰어난 연극 배우였고, 내가 알고 있는 한 가장 활동적인 정신의 소유자였다. 그는 집안의 내력 때문인지 몰라도 아주 비유럽적이고 식물적인 매력을 지니고 있다. 그에게는 비지성적인 인간의 억눌리지 않은 성격에서 기인하는 우아한 매력이 있었다. 또한 그는 부드럽고 탄력적이며 비로드 같은 어두운 분위기를 풍겼다. 그에게는 불 같은 기질이 있고, 가끔씩 돌발적인 박력도 보여 주었다.

알렉산더는 많은 여성들과 갖가지 연애를 경험했다. 그가 갑자기 떠나 버렸는데도 그를 잊지 못하던 여인들을 나는 알고 있다. 그러나 그는 나에게만은 변함 없는 우정을 보여 주었다. 알렉산더에 대한 나의 우정 역시 보통의 정도를 넘고 있다.

여기까지 읽어 내려갔을 때, 나는 니나가 아직도 들어오지 않았다는 것을 깨달았다. 그 애는 어디를 헤매고 있는 것일까? 나는 창가로 가서 어두운 길을 내다보았다. 아무것도 보이지 않았다. 할 수 없이 나는 다시 일기를 읽기 시작했다.

1936년 2월 26일

오후에 니나에게서 전화가 왔다. 니나는 저녁에 시간이 있느냐고 물었다. 내가 부드러운 목소리로 우리 집에 오라고 했지만, 니나는 내 제안을 거절하고, 카페에서 만나기를 원했다. 여덟 시가 되자 나는 작고 어두운 카페로 갔다. 니나는 벌써 와서 기다리고 있었다. 나는 니나가 몹시 수척해진 것을 알았다. 니나는 애써 웃으며 말했다.

"선생님, 제가 이렇게 세월이 지난 뒤에 나타나서 놀라셨을 거예요."

니나의 목소리는 잔뜩 쉬어서 낯설게 느껴졌다.

"아니오."

나도 니나를 향해 웃어 보였다.

"그 일에 대해 의논드릴 사람은 선생님밖에 없어요."

"무슨 얘기를 하려는 거요?"

나는 무심한 척 물었다.

"선생님한테 전화를 걸다니, 전 정말 뻔뻔스러운 여자예요. 하지만 정말 저에게는 아무도 없어요."

나는 니나의 팔 위에 손을 얹었다. 약간의 온기가 니나에게 위안을 준 것 같았다.

그러나 니나의 눈빛은 혼란스러운 빛을 담고 있었다. 얘기를 꺼내는 것조차 몹시 어려운 듯했다.

"선생님이 복직되어서 정말 다행이에요."

"그런데 당신은 어떻소? 결혼은 했소?"

나는 추억과 공포가 급격하게 휘몰아치는 것을 느끼며 물었다.

"아니오. 아직 결혼하지 않았어요. 서점에서 그대로 일하고 있어요. 슈바빙 지점을 맡고 있어요."

니나는 웃었다. 그 웃음이 지속되는 짧은 순간, 니나는 예전의 대담하고도 순수한 모습으로 돌아가 있었다.

"요새도 글을 쓰고 있소?"

나는 니나에게 말을 시키기 위해 그렇게 물었다.

"네, 가끔씩요."

그런 다음 니나는 눈을 크게 뜨고 결심한 듯 말했다.

"전 여름에 결혼할 거예요. 퍼시가 어떤 건축 사무소에 일자리를 구했어요."

니나는 목소리도 낮추지 않고 얘기를 계속했다.

"그런데 전 아이를 가졌어요."

내가 놀란 표정으로 바라보자, 니나가 재빨리 덧붙였다.

"그런데 퍼시의 아이가 아니에요. 선생님 외에는 아무도 몰라요."

나는 너무도 당황해서 말했다.

"나갑시다. 여기선 그런 얘길 할 수가 없소."

니나는 세차게 머리를 저었다.

"전 여기 있겠어요. 너무 지쳤다고요. 벌써 두 달째예요."

하는 수 없이 우리는 그 곳에 머물렀다.

"확실한 거요?"

"그래요."

"아직 아무도 모른다고?"

"네, 아무도. 물론 퍼시에게는 이야기할 거예요."

"그럼, 아이의 아버지도 모른단 말이오?"

"아직 몰라요."

그러나 그 말을 할 때 니나의 눈은 빛났다. 그 모습을 보자 나는 다시 생각지 않을 수 없었다. 니나는 분명하고 단호하다, 그런데 무엇 때문에 나의 충고가 필요하단 말인가?

"당신은 아이 아버지와 결혼할 수 있는 거요?"

"모르겠어요."

니나의 대답은 그것뿐이었다. 니나의 눈은 다시 흐려졌다. 자기의 육체의 변화에 당황하고 있는 것이다. 밖에는 비와 눈이 섞여서 내리고 있었다. 나는 계속 이야기를 해 나가기가 어려웠다.

"그 아이를 굳이 낳을 필요는 없을 것 같은데……."

니나는 내 말뜻을 이해하지 못하는 것 같았다. 나는 그것을 니나의 눈빛 속에서 알았다. 한참 후 니나가 천천히 입을 열었다.

"그런 것은……."

하고 니나는 낮게 속삭였다.

"……. 아직 생각해 보지 않았어요."

니나의 얼굴에 한 가닥 희망이 스치고 지나갔다.

"내일 오후에 나한테로 와요."

니나는 고개를 끄덕인 후, 천천히 가 버렸다.

그러나 밤이 되자, 나는 곧 회의에 빠져 버렸다. 그 동안 의학상 돌이킬 수 없는 경우에 몇 번의 임신 중절을 시험해 왔다. 그러나 니나의 경우에도 그것이 필요한가?

니나는 건강했으며, 자살을 염려할 만큼 절망하고 있지도 않다. 그런데 내가 무슨 권리로 니나의 운명에 손대려 한단 말인가?

니나의 발전 가능성이 강제로 중단되려는 위기 상황이다. 니나의 생에 대한 용기, 정신적 과감성과 죽음에 대한 호기심은 다 어디로 갔는가? 니나가 이렇게 겁에 질린 모습을 보이다니…….

나는 할 씨가 니나를 버리거나, 혹은 니나가 그 사람과도, 또는 아이 아버지와도(그가 누군지 알 바 아니라고 나는 쓰디쓴 질투심에 차서 생각했다.) 결혼하지 않는다면 니나의 삶은 어떻게 될까 상상해 보았다. 결국 나는 모든 것을 니나의 결정에 맡기기로 했다.

니나가 왔다. 나는 첫눈에 니나의 기분이 나아진 것을 알았다. 니나는 밤새 고민한 끝에, 아침에 약혼자에게 가서 모든 것을 고백했다는 것이다. 그는 니나를 쳐다보지도 않고 방 안을 오락가락했다고 한다. 니나의 말에 의하면 그 방이 점점 작아지더니 마침내 제 머리 위에서 무너져 내리는 것 같았다고 한다. 의식을 되찾았을 때 약혼자가 니나 곁에 앉아 이렇게 말했다.

"누구한테도 말하지 마. 나는 당신을 절대로 놓아 주지 않을 거야. 우린 곧 결혼할 거야. 그 애는 우리 두 사람의 애야. 어쩌면 사실 그럴지도 모르고."

나는 그들이 혼란의 원인을 완벽하게 부정함으로써, 갈등을 해결하려는 결단을 보인 것에 대해 존경을 표하지 않을 수 없었다.

니나는 그렇게 해서 유쾌함을 회복했고, 보호받는 기분까지 들었다는 것이다. 그리고 니나는 감사하는 마음으로 그의 사랑스런 아내가 되기로 맹세했다.

그 뒤 나는 니나에 관한 소식을 거의 듣지 못했다. 니나가 결혼했다는 것과 초가을에 딸 루트를 낳았다는 소식이 전부였다.

그러나 10년이 지난 지금에도 분명하게 기억나는 것은 니나가 그 모든 혼란을 잘 해결했음에도 불구하고 전혀 행복한 얼굴을 하고 있지 않았다는 것이다.

1936년 3월 3일

니나의 방문은 내 평화를 완전히 깨뜨렸다. 니나는 사랑하지도 않으면서 책임을 다하기 위해서 결혼 생활에 최선을 다할 것이다. 그리고 니나가 사랑하고 있는 아이의 아버지는 아무것도 모르고 있는 것이다. 그는 단지 니나를 유혹하고는 가 버렸다. 나는 그 자가 누군인지 니나에게 물어 보지 않았다. 그러면서도 결혼을 앞둔 니나를 유혹하는 데 성공한 그 자를 상상하느라 많은 시간을 허비했다. 그는 아주 교활하거나 아니면 니나의 이상형에 거의 들어맞는 인물일 것이다. 나는 그런 니나를 축복하고 동시에 저주한다.

두 번째 전화

슈타인의 일기를 읽다가 나는 깜빡 잠이 들었던 모양이다. 전화벨 소리에 놀라 잠이 깬 나는 니나가 온 줄 알고 현관으로 달려갔다. 뒤늦게 나는 그것이 전화벨 소리란 것을 깨달았다. 나는 잠이 덜 깬 목소리로 전화를 받았다.

"주네브에서 부슈만 부인에게 온 전화입니다. 받으시겠어요?"

"네. 전데요."

곧 나는 그런 자신에게 화가 났다. 왜 나는 지금 니나의 일에 끼여들고 있는가? 나는 평소 남의 일에 호기심을 갖는 타입이 아니며, 육감에 사로잡힌 적도 없다. 그러나 그 순간만은 뭔가 알 수 없는 것이 나를 붙잡고 놓아 주지 않았다.

나는 전화기 옆을 떠날 수가 없었다.

문득 '이 전화가 그 남자에게서 걸려온 것이라면' 하는 생각이 들었다. 하지만 그럴 리가 없다. 니나가 독일을 떠나는 이유가 바로 그 남자 때문이라고 하지 않았던가.

그런데 만일 그 사람의 전화가 확실하다면 어떻게 해야 할까? 나는 니나의 운명과 그 남자의 운명이 나에게 달려 있다는 생각을 하자 어이가 없었다.

통화는 금방 이루어지지 않았다. 교환원이 끊지 말고 기다리라고 했다. 나는 무슨 말을 할지 생각할 여유가 있었다.

난 당신을 잘 몰라요. 하지만 니나가 얼마나 당신을 사랑하는지 잘 압니다. 인간이 받을 만한 것 이상으로 니나는 당신을 사랑하고 있습니다. 그 애는 당신을 사랑하기 때문에 그 모든 것을 포기하고 런던으로 떠납니다. 아이들까지 남겨 두고 말이에요. 그 애가 그 곳에 가서 무엇을 할 수 있을까요? 그게 한 여자에게 무엇을 의미하는지 알기나 해요? 아니, 그런 말은 하지 말자. 나는 그를 감동시킬 생각은 조금도 없다. 교환원이 다시 끊지 말고 기다려 달라고 말했다. 물론 기다릴 수 있다. 나는 그와 얘기를 나누어야 하니까.

하지만 어떻게? 난 그를 움직이기만 하면 된다. 차라리 정직하게 말해 보자. 나는 지금 그 남자가 니나와 결혼하기를 바라고 있지 않은가? 하지만 니나가 그걸 원한다고 어떻게 단정한단 말인가? 그래, 이것도 아니다. 나는 니나가 부탁한 대로 말하는 수밖에 없다. 니나는 여기 없어요. 벌써 떠났습니다. 하지만 그러면 이 통화가 무슨 의미가 있단 말인가?

수화기가 손에서 떨리고 있었다. 나는 괴로움으로 병이 날 지경이었다. 내가 모든 것을 다 망쳐 버릴 수도 있지 않은가?

그 때 전화기 저편에서 찰칵 하는 소리가 났다. 나는 운명의 소리를 들은 것처럼 깜짝 놀랐다. 마침내 굵고도 깊은, 한번 들으면 영원히 잊혀지지 않을 것 같은 목소리가 들려왔다.

"니나?"

그 목소리는 마치 아득한 나라를 사이에 둔 듯이 외쳤다. 순간 나는 냉정을 되찾았다.

"아니에요. 니나는 여기 없습니다."

"부슈만 부인이 어디 있는지 알고 있습니까?"

사무적이면서도 맑고 날카로운 목소리가 재빨리 물었다.

"지금 전화를 받는 분은 누구죠?"

"난 니나의 언니예요. 그저께도 저와 한 번 통화를 하셨지요."

그는 내 말과는 상관없이 이렇게 말했다.

"아닙니다. 부슈만 부인은 그 곳을 떠나지 않았어요. 제발 진실을 말해 주십시오. 저에게는 아주 중요한 문제입니다."

"좋아요. 사실대로 말씀드리죠. 그 애는 아직 여기 있어요. 지금은 저 밖의 어둠 속을 헤매고 있지요."

"어둠 속을 말입니까? 니나 혼자서요?"

"네. 물론 혼자서죠."

내 속에서 뭔가가 나를 쿡 찔렀다. 바로 지금이 이야기할 때야. 그렇지 않으면……

"니나는 지금 몹시 괴로워하고 있어요. 뭔가 커다란 근심거리가 있는데, 전혀 얘길 하지 않아요."

짧은 침묵이 흐른 뒤 그가 물었다.

"걱정이라면, 아이들 때문인가요? 아니면 일 때문에?"

나는 어처구니가 없어 하마터면 소리를 지를 뻔했다. 당신은 어쩌면 그렇게 둔할 수가 있지요? 아니면 연기를 잘하는 건가요?

"아니면 어디가 아픕니까?"

그의 목소리에는 점점 불안이 묻어났다.

"아뇨. 너무 지쳐 있는 것뿐이에요."

"부인은 니나에 대해 뭔가 알고 계십니까? 그러니까 제 말은……."

"아뇨. 그 애가 영국으로 갈 거라는 사실밖에는요."

"영국으로 떠난다고요? 언제 떠나지요?"

"내일요."

나는 단호하게 말했다.

"내일이라고요?"

그는 충격을 감추지 못하고 말했다.

"제가 가겠습니다. 모레 오후 비행기로 가겠어요. 저녁에는 뮌헨에 도착할 수 있을 거예요."

나는 몹시 떨렸다. 그러나 차갑게 말했다.

"그 땐 너무 늦을 거예요."

"하지만 그 전에는 갈 수가 없습니다."

나는 그가 얼마나 절망하고 있는지 느낄 수 있었다.

"아주 중요한 회의가 있어요. 부탁입니다. 제가 갈 때까지 니나를 좀 붙잡아 주세요. ……. 제가, 제가 가겠습니다."

그의 마지막 말은 맹세처럼 들렸다. 그리고는 전화를 끊었다.

어느 새 열 시 반이었다. 니나는 아직도 돌아오지 않고 있었다. 나는 창문을 열었다.

냉랭한 3월의 공기는 기분이 좋았다. 거리에는 인적조차 없었다. 십 분 후 니나가 돌아왔다. 니나는 숨을 헐떡이며 말했다.

"내가 너무 늦었지? 난 강을 따라서 걷고 또 걸었어. 그리고는 그 길을 다시 돌아왔지. 그 동안 언니는 뭘 했어?"

"나? 그냥 일기를 읽고 있었어."

니나는 얘기할 기분이 아닌 것 같았다. 그 애는 완강하게 자기 내면으로 들어가 있었다.

"오늘 밤엔 좀 잘 거야."

니나는 그 말을 '가겠습니다' 라고 말하던 그 사람과 똑같은 어투로 말했다. 어둠 속에 자리를 잡자, 니나가 속삭이듯 말했다.

"언니, 뭔가 나한테 숨기는 게 있는 것 같아."

나는 일부러 못 들은 척했다.

"누가 전화했었지? 안 그래? 하지만 말 안 해도 좋아. 그런 것은 이제 아무래도 좋으니까."

나는 니나가 얘기를 계속하기를 기다렸다. 그러나 니나는 아무 말이 없었다. 얼마나 지났을까? 니나가 내쉬는 고른 숨소리가 들렸다. 뜬눈으로 밤을 새운 것은 오히려 나였다. 나는 새벽녘에야 겨우 잠이 들었다. 어디선가 양철 지붕을 때리는 빗소리가 규칙적으로 들려왔다.

나는 침울한 기분을 떨쳐 버리려고 다시 잠들기를 바랐다. 그 때 나는 니나가 잠옷 바람으로 창가에 서 있는 것을 보았다. 버림받은 영혼! 나는 그 애가 슬픔에 온몸을 내맡기고 있는 것을 차마 볼 수가 없었다. 나는 그 애 곁으로 다가갔다.

"니나, 그러다 감기 들겠다."

니나는 아주 천천히 고개를 돌려 나를 보았다. 얼굴이 온통 젖어 있었다. 나는 깜짝 놀라서 소리쳤다.

"너, 울고 있는 거니?"

니나는 눈물을 감출 생각도 않고 계속해서 울었다. 나는 당황해서 어쩔 줄을 몰랐다. 니나는 나를 거들떠보지도 않았다. 그 애는 잠옷 소매로 눈물을 닦더니 말했다.

"나, 오늘 떠나야겠어."

"니나, 넌 목요일에나 떠나겠다고 하지 않았니?"

"그래, 하지만 이젠 생각이 바뀌었어."

니나가 무표정하게 말했다.

"너와 며칠 더 있을 수 있게 되어 기뻤는데."

"내가 언니에게 무슨 도움이 된다고."

니나는 몸을 휙 돌려 욕실로 들어가 버렸다. 나는 갑작스럽게 피로를

느꼈다.

니나에게 전화 얘기를 해야 하나 말아야 하나? 그가 정말로 니나를 사랑한다면 영국으로 가서 만날 수도 있지 않을까? 하지만 만약 그가 니나의 결심을 마지막 거절로 받아들인다면? 또는 깊게 절망한 나머지 니나를 아주 떠나 버린다면? 하지만 그는 니나가 왜 달아나려고 하는지 잘 알 것이다.

조금 후 니나는 말개진 얼굴로 욕실에서 나왔다. 언제 울었냐는 듯이. 니나가 여행사에 전화를 걸자, 나는 다시 초조해지기 시작했다.

"니나, 수화기를 내려 놔."

순간 니나가 나를 돌아다보았다.

"넌 내일 밤까지 여기 있어야만 해. ……. 이유는 네가 더 잘 알고 있지 않니?"

니나는 심각한 얼굴로 잠시 동안 나를 쳐다보았다. 그러더니 갑자기 두 눈을 꽉 감았다가 떴다.

"그 사람에게 전보라도 쳐 봐."

니나는 말없이 고개를 저으면서 다이얼을 돌렸다. 문득 머릿속에 내가 할 일이 한 가지 떠올랐다. 이 곳에 남아 그 남자를 기다리는 것이다. 그러나 나는 니나에게 그 얘기를 하지 않았다. 니나는 하나 남아 있는 밤차의 좌석권을 예약했다. 이로써 모든 것이 끝나고 만 것이다. 나는 이상한 안도감을 느끼며 잠에 빠져들었다.

니나는 이 날 아주 많은 쇼핑을 했다. 우리는 신경질적이고도 명랑한 태도로 시내를 돌아다녔다. 그러나 시간이 지날수록 니나의 얼굴은 창백해졌다. 니나는 갑자기 지친 기색을 띠며 집으로 돌아가자고 했다.

집에 도착한 니나는 서둘러 짐을 싸기 시작했다. 아홉 시에 출발하는 기차를 타려면 아직 두 시간이나 남아 있었다. 우리 두 사람 사이에는 긴 침묵이 가로놓였다. 피할 수 없는 거북함과 비애에 잠겨 우리는 오랫동안 앉아 있었다. 나는 일기라도 읽어 보려고 했지만, 니나가 그것을 빼앗아 버렸다.

"여기 두고 갈 테니까, 나중에 읽어."

니나는 내가 왜 그것에 관심을 갖는지 알 수 없다는 듯한 태도였다. 니나에게는 이 모든 일들이 지구 저편의 일이었다.

"언니가 이걸 읽을 작정이라면 한 가지 해 둘 말이 있어. 슈타인은 내가 자살을 기도한 일에 대해서도 썼을 거야. 물론 이제는 의미 없는 일이지만, 언니가 그것 때문에 나를 잘못 보지 않기를 바래."

나는 니나가 그 얘기를 하는 동안 얼마나 고통스러워하는지 알 수 있었다.

불행한 결혼 생활

"내가 퍼시와 살기 시작했을 때……."

니나는 거기서 잠시 말을 멈추었다.

"그러니까 그 사람과 결혼하고 났을 때……. 그건 생각보다 쉽지 않은 일이었어. 퍼시는 더 그랬을 테지. 아기가 태어났을 때 그는 아기를 한 번도 쳐다보지 않았어. 아기가 울면 집을 나가 버릴 정도였지. 난 루트의 침대를 부엌의 칸막이 뒤로 옮겼어. 그의 눈에 띄지 않도록 말이야."

"넌 그걸 고스란히 견뎠단 말이니?"

"그래, 그건 계약이었으니까. 반드시 지켜져야만 하는."

니나는 심각한 표정으로 자기 무릎을 내려다보았다.

"루트가 태어나서 두 달 가까이 된 어느 날, 퍼시가 아기 침대에 가 있는 것을 보았어. 그래서 나는 이 남자가 드디어 아기에게 관심을 갖게 되었구나, 하고 생각했지. 그는 침대로 몸을 굽혔고, 그 순간 나는 그의 얼굴을 볼 수 있었어."

니나는 다시 말을 끊었다.

"어떤 표정을 짓고 있었니?"

하고 묻다가 나는 니나의 얼굴에 떠오른 공포의 빛을 보았다. 그게 뭔지 알 수 없지만, 무언가 무서운 일이었음에 분명했다. 니나는 그 부분을 건너뛰고 말했다.

"그런 다음 그가 나에게 와서 자기도 아이를 갖겠다고 하더군. 난 그때 루트를 낳은 지 얼마 되지 않았고, 몸 상태도 아주 나빴어. 그러나 저항하기에는 그의 힘이 너무 셌지. 그 후 그는 내게 비굴할 정도로 다정하게 굴었어. 나는 그에게 복수할 방법을 찾아냈어. 난 도저히 그에게 내 아이를 갖게 할 수는 없었어. 그래서 슈타인을 찾아갔지. 내겐 돈도 없었고, 낡은 민간 요법은 아무 효과도 없었으니까. 하지만 그는 내 복수를 도와주지 않으려고 하더군. 집으로 돌아온 나는 편지를 몇 장 썼어. 루트를 보모에게 맡긴 다음, 편지와 함께 슈타인에게 데려가도록 했지. 하지만 가스는 너무 끔찍해. 두 번 다시 가스를 택하진 않을 거야."

"니나!"

나는 소리치지 않을 수 없었다.

니나는 계속 말을 이었다.

"물론 처음에는 기분이 괜찮았어. 처음엔 쏵쏵 하고 가스 새어나오는 소리가 마치 바람 소리처럼 들렸어. 그 소리는 악기 소리처럼 높아지더니 이윽고 관현악을 이루었지. 어느 순간, 심장이 부풀어오르고 숨을 쉴 수가 없게 되었어……."

니나는 허공을 한 번 바라보고 다시 말을 이었다. 나는 재빨리 니나의 말을 잘랐다.

"그 다음엔 어떻게 됐니?"

"슈타인이 너무 빨리 온 거야. 의식을 되찾았을 때 나는 그의 집에 누워 있었어."

"세상에! 난 그 모든 일을 전혀 모르고 있었구나."

니나는 생각난 듯이 이렇게 중얼거렸다.

"슈타인은 자신이 날 구했다고 생각했을지도 몰라. 하지만 누군가의 죽음을 막았다고 해서 그것이 그를 살린 것은 아니야."

나는 슈타인에 대한 추억이 니나를 흥분시키는 것에 놀랐다. 슈타인은 니나에게 그 애 자신이 생각하고 있는 것보다도 더 큰 의미가 있는 것 같았다. 니나 자신도 자기 말투의 격렬함에 놀랐는지 재빨리 덧붙여 말했다.

"그가 날 많이 도와준 건 사실이야. 하지만 우유부단하고 두려움 많은 그의 기질이 내 일까지도 망친 거야. 어쨌든 날 도와준 사람은 그가 아니었어."

"그럼 누가 널 도와주었니?"

"나 자신."

니나는 담담하게 말했다.

"요양원 사람들이 내가 결코 일어나지 못할 거라고 생각했을 때, 나는 살기로 결심했어. 그 때부터 소설을 쓰기 시작했지."

니나는 창가로 걸어가며 중얼거렸다.

"내가 왜 이런 이야기들을 늘어놓고 있는 거지? 어떤 경우에도 자살은 좋은 취미라고 볼 수 없지. 언니, 지금이라도 언니가 떠나지 말라고 하면 난 안 떠나겠어."

"맙소사, 넌 지금 나한테 그걸 요구하는 거니?"

나는 나도 모르게 소리쳤다.

"좋아, 그럼 택시를 부르겠어."

그런 다음 니나는 전화기 옆으로 갔다. 내 생애 최악의 순간이었다.

우리는 역으로 가면서 아주 일상적인 대화를 나누었다. 내가 하루 이틀 더 머물겠다는 것을 니나가 무언중에 승낙했는지 어쨌는지 기억이 나지 않는다.

니나는 차에서 내려와 나를 격렬하게 끌어안았다. 그리고 서둘러서 계단을 오르며 소리쳤다.

"언니, 그 사람이 오거든 제발 아무 말도 하지 말아 줘. 주소도 가르쳐 주지 말고."

기차는 곧 증기를 뿜어올렸다. 소음이 너무 커서 나는 니나에게 대답하지 않아도 되었다. 주위가 다시 고요해졌을 때, 니나는 내게 몸을 굽히고 속삭였다.

"그 사람에게 내가 결혼할 거라고 전해 줘. 꼭 그렇게 말해야 돼."

"하지만……. 그게 정말이니?"

니나는 슬프게 고개를 저었다. 나는 그렇게 니나를 보냈다. 기차는 떠났고, 니나가 서 있던 유리문은 비에 가려 아무것도 보이지 않았다.

나는 천천히 니나가 살던 집으로 돌아왔다. 니나는 나를 위해 과일한 봉지와 샌드위치를 준비해 놓고 갔다. 하지만 아무것도 먹고 싶지 않았다. 납덩이 같은 피로가 나를 짓눌렀다.

나는 곧바로 자리에 누웠다.

밤새도록 비가 내렸다. 비가 오는 것이 다소 위안이 되었다. 나는 잠이 들 때까지 홈통을 통해 흘러내리는 물소리에 귀를 기울였다.

날이 밝았을 때, 나는 문득 그렇게 하루가 시작되는 것이 두려워졌다.

나는 돌아가고 싶었다. 그러나 '그 남자'를 이 곳에 오게 한 것은 나다. 솔직히 말해서 니나가 그토록 사랑하는 남자가 누군지 궁금하기도 했다. 그가 빈 집의 초인종을 끝없이 누르는 상상을 하는 것만으로도 나는 떠날 수가 없었다.

나는 다시 잠을 청해 보았으나 아무 소용이 없었다. 밖으로 나가 볼 용기는 더더욱 나지 않았다. 결국 나는 슈타인의 일기를 찾아들었다.

1936년 10월 10일

밀라노 대학에서 초청 강의를 마치고 남부 이탈리아를 거쳐 북아프리카로 떠나려고 마음먹었을 때, 나는 아주 자유로운 느낌을 가질 수 있었다.

나는 혼자였다. 때때로 니나와 함께라면 이 여행이 얼마나 아름다울까 하는 생각이 들었으나, 그것이 그다지 고통스럽게 느껴지지 않았다. 그런데 로마에서 받아든 우편물 속에 니나가 딸을 낳았다는 소식이 들어 있었다. 그 날 나는 완전히 취해서 호텔로 돌아왔다.

이튿날 나는 서둘러 뮌헨으로 돌아왔다. '난 겨우 살아났어요' 라는 짤막한 구절 때문인지도 모르겠다. 갑자기 이탈리아 자체가 참을 수 없게 되었고, 더 이상 여행할 마음이 나지 않았던 것이다.

아네트 아주머니의 집 처분 문제에 매달려 있는 헬레네는 아직 그 곳에서 돌아오지 않았다. 나는 창의 덧문을 내리고 니나에게로 갔다. 니나가 아기에게 젖을 먹일 동안 나는 병실 문이 보이는 곳에 서 있었다. 얼마 후 니나의 남편이 간호사에게 미소를 보이며 병실 문을 열고 나오는 것이 보였다. 그러나 몇 발자국 지나지 않아 그의 표정은 돌변했다. 그 표정은 냉혹하고 우울했으며, 분노로 일그러져 있었다.

그의 진짜 표정은 과연 어떤 것일까? 젊고 경쾌한 쪽일까? 아니면 폭력적이고 야만적인 쪽일까? 그는 평소에 니나에게 어떤 얼굴을 보이는 걸까?

잠시 후 간호사의 품에 안긴 니나의 아기가 내 곁을 지나갔다. 자기 아이의 얼굴을 들여다보는 남자는 생이 부여한 과제를 마쳤다는 느낌, 그리하여 자연의 질서에 속해 있다는 느낌을 받으리라. 단 몇 시간이라도 내게 그런 행복이 주어진다면⋯⋯. 물론 나는 그런 꿈을 갖기에는 너무 늙었다. 하지만 그 순간만큼은 그 아이는 내 아이였으며, 동시에 니나는 내 아내였다.

아기가 다시 병실을 나왔을 때 나는 그 아기를 보여 달라고 말했다. 아기의 시선이 나에게 머무는 동안 나는 생이 나를 바라보고 있다고 느꼈다. 그러나 그 순간은 금방 사라졌다.

내가 니나를 찾아갔을 때, 니나가 매우 비참한 얼굴을 하고 있는 것을 보고 놀랐다. 나는 뭐라고 말해야 좋을지 몰랐다. 그러나 니나는 내 손을 꽉 잡으며 말했다.

"와 주셔서 고마워요. 하지만 다시는 오지 마세요. 당신이 퍼시와 마주치는 걸 원치 않아요."

니나는 남편의 질투를 두려워하는가? 저 의심스러운 관대함 앞에서 그를 자극할 일들을 피해야 하는 의무를 짊어지고 있는가? 그렇다면 그녀의 자존심은 어디로 가 버렸는가? 아니면 바로 그 자존심 때문에 자신에게 주어진 이 과제를 시행하려는 것일까? 나는 다시 니나가 알 수 없어진다.

1937년 1월 12일

너무나 불길하고 파괴적인 이틀이었다. 니나가 자살을 기도했다. 그건 내게도 책임이 있는 일이다. 너무도 분명하고 정확하게 수행된 이 일은 그것을 생각하는 것만으로도 나를 미치게 만든다.

1월 10일 정오쯤 니나가 나를 찾아왔다. 몹시 창백한 얼굴로 니나는 조금도 주저함 없이 자신의 목표를 얘기했다. 니나는 내가 지난번에 제안했던 임신 중절에 관한 이야기를 끄집어 냈다. 니나는 그 아이가 남편의 아이이기 때문이라고 이유를 밝혔다. 나는 니나의 소원이 나 자신의 것과 너무나 똑같은 데 충격을 받았다. 나는 어쩌면 그 아이를 퍼시 당사자라도 되는 듯 쾌감을 느끼면서 죽였을지도 모른다. 이 부분에서 나의 판단력은 흐려졌다. 나는 그것을 거절했다.

니나가 가고 나자 나는 깊은 안도감을 느꼈다. 그러나 다시 몰려오는 회의를 물리치기는 어려웠다. 그처럼 절박한 니나의 부탁을 물리칠 힘이 어디에서 나왔단 말인가?

만일 니나가 좀더 간절히 애원했다면 나는 양보했을지도 모른다. 뒤늦게 내가 니나를 부르기 위해 거리로 뛰쳐나갔을 때, 니나는 이미 사라지고 없었다. 나는 니나가 이사간 집의 주소도 몰랐다. 그로부터 몇 시간 뒤, 니나에게서 편지가 왔다. 어떤 일이 일어나고 있는지 충분히 짐작할 수 있었다.

힘들게 헤맨 끝에 나는 니나의 집을 찾아내었다. 문은 굳게 잠겨 있었다. 아무리 벨을 눌러 보고 문을 두들겨 봐도 헛일이었다.

마침내 나는 집주인을 데려왔다. 그 역시 떨고 있었으나, 나보다는 훨씬 침착하게 일을 진행했다. 짐작했던 대로였다. 나는 절망적인 상태에서 기계적으로 움직였다. 가스 중독은 이미 치명적으로 진전돼 있었다.

나는 소문이 날 것을 염려하여 니나를 집으로 데리고 왔다. 문을 열어 주는 헬레네에게 나는 짧은 상황 설명을 했다. 헬레네는 아무 말 없이 고개를 돌렸다.

니나는 점심때까지도 의식을 찾지 못했다. 그러더니 한순간에 의식이 돌아왔다.

나를 발견한 니나는 이해할 수 없다는 표정으로 말했다.

"내가 살아 있다니……."

니나는 벽 쪽으로 고개를 돌려 버렸다. 나를 원망하고 있는 것 같았다. 그리고는 다섯 시간 내내 잠을 잤다. 저녁이 되자 니나는 완전히 의식을 회복한 것 같았다.

나는 루트는 잘 있다고 말했다.

"퍼시한테는 아무 말 말아 주세요. 다시는 돌아가지 않을 거야."

"물론이야. 당신은 여기 있으면 돼. 루트를 데려오겠어. 아니, 당분간은 요양원에 가 있는 게 좋겠군."

니나는 내 말을 건성으로 듣더니 나직하게 중얼거렸다.

"왜 날 죽도록 내버려 두지 않았어요?"

나는 위로의 말을 하려고 애쓰지 않았다. 니나는 스스로 다시 삶으로 돌아와야 하는 것이다. 니나는 반드시 다시 살아갈 것이다.

니나는 몹시 쇠약한 상태였고 열도 꽤 높았다. 문득 니나가 말했다.

"의식을 잃기 시작한 그 때만큼 강렬하게 삶을 느낀 적은 없어요. 그 순간 생은 완벽하게 집중돼 있었고, 너무나 무서울 정도로 아름다웠어요."

그 때 어디선가 고양이 한 마리가 창가에서 조그맣게 울기 시작했다. 니나는 고양이를 팔에 안고 울기 시작했다. 나는 니나를 내버려 두었다. 니나는 봄비가 내리듯이 그렇게 오랫동안 소리없이 울었다. 니나는 내가 함께 울고 있는 것을 알지 못했다. 내 눈물은 니나의 눈물보다도 쓰라린 것이었다.

나는 고통 때문에, 아니 차라리 분노 때문에 울었다. 나는 니나를 얻을 수 있는 유리한 기회가 찾아왔음에도 생을 저주하고 있었다.

니나는 울다가 지쳐 잠이 들었다. 나는 니나가 깨어나면 우유를 가져다 줄 것이다.

그리고 내 마음을 결정짓도록 노력할 것이다. 니나, 당신은 생을 믿고 있다. 당신에게는 자살하려는 그 시도마저도 생의 일부인 것이다. 그것은 당신의 정신이 당신에게 허용한 흥미 있는 체험이 아니던가.

1937년 1월 13일

맑고 깨끗한 겨울날이다. 니나는 아직도 열이 있다. 니나는 내가 우는 것을 어렴풋하게 보았다고 했다.

"당신은 나와 함께 죽는 대신 날 살려 낸 것을 후회한 거죠?"

나는 놀라서 니나의 말을 반박하려고 했다. 그러나 니나는 계속 말을 이었다.

"우린 생의 의미를 알고 싶어했지요. 하지만 생의 의미를 묻는 사람은 결코 그것을 알 수가 없어요. 의미를 알려고 하면 할수록 그것은 우리 곁에서 멀어지니까요."

니나는 아주 쓸쓸하게 말했다. 나는 자신이 이유도 없이 강해지는 것을 느꼈고 어떤 결정을 지을 수 있었다. 대체 이 여자의 내부에는 얼마나 큰 힘이 내재되어 있는가? 자신은 모든 희망을 버린 상태에서 타인을 일으켜 세울 수 있다니.

어쨌든 나에게는 그 힘이 필요했다. 니나의 남편이 오늘 여행에서 돌아오기로 되어 있다. 나는 역으로 나가 그에게 납득할 만한 설명을 할 예정이다. 니나는 남편에 대해서 아무것도 묻지 않았다. 단지 자신을 찾아오지 말라는 말만 전해 달라고 했다.

1937년 1월 14일

나는 기차 시간에 맞추어 역으로 갔다. 할은 제시간에 도착하지 않았다. 다시 역으로 나가 기차를 기다릴 때까지도 나는 무슨 말을 해야 할지 몰랐다. 할이 어떤 여자와 함께 내리는 것을 보자, 내 신경은 극도로 날카로워졌다. 두 사람은 아주 즐거워 보였다. 나는 그들의 앞을 가로막고 섰다.

"할 씨, 할 얘기가 있소."

그는 나를 알아보았다. 느닷없는 내 출현에 기분이 상한 것 같았다. 그러면서도 중대한 용건이 있다는 것을 알아차렸는지 같이 있던 여자를 먼저 보냈다.

"당신이 여행간 사이 부인한테 사고가 일어났습니다. 높은 곳에서 떨어졌는데, 임산부인 경우 나쁜 결과를 초래할 수도 있어요."

그가 당황해하는 모습은 내게 쾌감을 안겨 주었다.

"부인은 지금 내 집에 계십니다. 물론 이의가 없으리라 생각하지만, 몇 주 뒤에는 부인을 요양원으로 보내야 할 것 같습니다."

흐릿한 불빛 아래에서도 그의 얼굴이 창백해지는 것이 보였다. 그가 뭐라고 낮게 중얼거렸다.

"……. 니나에게 가겠습니다. 집으로 데려가겠어요."

"당신은 지금 부인이 처한 상황을 잘 이해하지 못하는군요. 아이가 건강하게 태어나기를 바란다면 내 말에 따라야 합니다. 그리고 따님은 집주인이 돌봐 주고 있어요."

나는 니나가 부탁한 말은 전하지 않았다.

"무슨 일이 생기면 곧바로 연락 드리지요."

그는 무슨 말을 하려고 하다가 어깨를 으쓱하고는 그만두었다. 마침 화물 열차가 지나가는 바람에 우리는 형식적인 인사를 나누지 않아도 되었다.

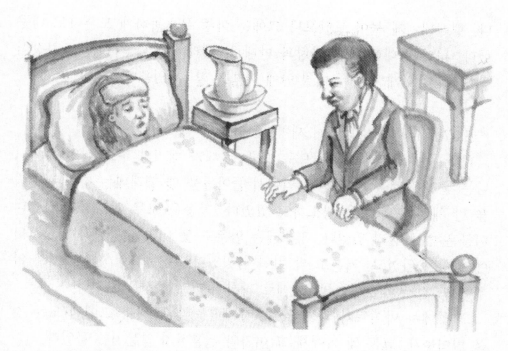

역에서 돌아왔을 때 니나는 자고 있었다. 니나의 모습을 보고 있자니 잠깐일지라도 나는 생의 가능성을 믿고 싶었다. 이제 자리에 누워야겠다. 몇 시간이고 니나의 숨소리를 들으며 행복에 젖어들 것이다.

1937년 1월 16일

니나의 남편에게서는 아직 아무런 연락이 없다. 니나의 증세가 늑막염의 시초인지도 모르겠다던 염려는 쓸데없는 것으로 판명되었다. 갑자기 니나의 열이 내렸던 것이다.

나는 보오레에게 전화를 걸었다. 그는 의사인데, 오버스도르프 근방에 있는 그의 요양원은 시설이 아주 좋다. 니나에게 요양원 얘기를 꺼냈더니 니나도 별로 반대하지 않았다. 저녁때 니나는 고양이를 데려다 달라고 했다. 그제서야 나는 고양이가 보이지 않는다는 사실을 깨달았다. 헬레네에게 물어 보았으나 그애는 아주 무뚝뚝하게 모른다고 대꾸했다. 니나에 대한 나의 사랑과 반대로, 헬레네와 나 사이에는 긴장이 쌓여 갔다. 이제 니나는 며칠 안에 여행을 할 수 있을 것이다.

1937년 1월 22일 밤에서 새벽 사이

니나는 보오레의 요양원으로 떠났다. 내가 데려다 주고 싶었으나 니나는 굳이 그것을 사양했다. 역에서 돌아왔을 때 헬레네는 청소부 차림을 한 채 니나의 방을 청소하고 있었다. 창문은 모두 열려져 있었으며 이불은 밖에 널려 있었다. 평소에는 엄두도 못 내었을 양탄자가 발코니에 걸쳐져 있었고, 커튼도 싹 치워져 있었다. 나는 그런 헬레네에게 아무 말도 걸지 않았다. 나는 카페로 가서 나머지 시간을 보냈다.

그 곳에는 마이트가 와 있었다. 자제력을 잃은 내가 그에게 모든 것을 털어놓자, 그는 왜 나에게 그 여자와 결혼하지 않는지를 물었다.

"그 여자가 날 사랑하지 않거든."

"하긴, 이 세상에 진정한 결혼이란 없다네. 단지 체념이 있을 뿐이지. 여자들이란 언제나 우리를 실망시키게 마련이거든."

그의 말은 뜻밖이었다. 왜냐하면 마이트 부부는 소문난 잉꼬 부부였기 때문이다. 나는 마이트 부인을 떠올려 보았다. 그녀는 미인이고 지적인데다가, 자의식도 강했다.

그러나 니나와는 전혀 닮지 않았다.

"당신이 틀렸어요. 우리와 나란히 갈 수 있는, 아니 훨씬 더 앞지를 수 있는 여자도 있습니다."

"과연 그런 여자가 있을까? 하지만 그런 타입은 우리가 감당할 수 없을걸?"

우리는 동시에 웃음을 터뜨렸다. 그러나 어쩐지 억지웃음 같았다.

1937년 3월 28일

지난 두 달 동안 나는 거의 매일 보오레에게 전화를 걸었다. 그는 니나가 갑자기 호전되기 시작했다고 전해 왔다. 그는 자기로서도 수수께끼라고 하면서, 니나를 방문해도 좋다고 말했다. 나는 학기 중간에 있는 휴가의 첫 날을 이 여행에 썼다.

보오레는 니나에 대해 호감을 가지고 있는 것이 분명했다. 그는 니나의 남편과 이야기를 나누었는데, 남편과의 결합이 니나의 발전에 엄청난 장애가 되고 있다고 덧붙였다.

"당신은 니나가 남편과 헤어질 수 있도록 가능한 힘을 기울여 주어야 합니다."

나는 그의 의견에 깜짝 놀랐다. 보오레는 아주 보수적인 인물이며, 그동안 어떤 종류의 이혼에도 반대 입장을 보여 왔기 때문이다.

그는 니나의 경우에만 객관적이지 못한 것은 아닐까? 아무튼 보오레는 니나에 대한 나의 감화력이 대단하다고 생각하고 있었다. 하긴 그가 내 존재만으로도 니나에게는 저항감을 불러일으킨다는 것을 어떻게 알겠는가?

어쨌든 니나는 많이 달라졌다. 부드럽고 예민하고 식물적이며 자기 내면에 파묻혀 있었다. 말수는 적었으나 다정했고 자주 미소를 지었다. 니나의 책상 위에는 늘 종이가 놓여 있었는데, 최근 몇 주 동안 쓰고 있는 소설이라고 말했다.

이번 위기가 니나에게는 오히려 생의 축복이 될지도 모르겠다. 니나가 회복된 뒤 어떤 일이 일어날지 모르지만, 어쨌든 나는 마음이 가벼워짐을 느꼈다. 그러나 불안이 완전히 사라진 것은 아니다. 늘 그렇듯이 니나는 긴장과 위험 속에 살고 있는 것이다.

1937년 6월 25일

오늘 저녁 나는 니나를 보았다. 날이 저문 뒤였으나 그것은 틀림없는 니나였다. 나는 차를 타고 횡단보도 앞에서 신호를 기다리는 중이었다. 그 때 니나가 몽유병자처럼 걸어가고 있는 모습을 발견했다. 니나의 시선은 꽤 먼 곳을 향해 있는 것 같았다. 행인들과 어깨를 부딪쳤는데도 니나는 거의 느끼지 못하는 것 같았다.

니나의 가냘픈 몸은 임신으로 인해 많이 달라져 있었다. 나는 니나가 걸어간 방향으로 차를 몰았으나, 니나는 이미 사라지고 없었다.

니나는 요양원에서 나오면서 자신의 결혼 생활에 일절 관여하지 말라고 요구했다. 나는 보오레에게 전화를 걸어 그와 공동 전선을 펴 볼까 하다가 그만두었다.

1937년 7월 29일

어제 나는 니나가 입원한 병원의 간호부장으로부터 니나가 아들을 낳았다는 소식을 들었다. 조산이었다. 니나가 내게 소식을 전하라고 했다는 것이다. 자신의 근황을 알려 주겠지만 찾아오지는 말라는 의미일 것이다. 나는 니나에게 꽃을 보낼 기운조차 없었다.

니나의 운명은 그렇게 끝난 것처럼 보였다. 니나는 자신의 꿈을 잊고, 체념한 채 살아갈 것이다. 니나는 특별한 재능을 가진 여자가 아니었던가.

나는 이 도시를 떠나 이탈리아에서 휴가를 보낼 것이다. 이번에는 무슨 일이 있어도 니나가 나를 불러 오지는 못할 것이다.

결 단

1937년 10월 28일
여행에서 돌아오니 니나의 편지가 와 있었다.

　당신이 여행하시는 동안 제게는 여러 가지 사건이 일어났습니다. 나는 마침내 퍼시 할과 헤어졌습니다. 레오폴드 가에 아주 작은 집을 구했고, 전에 다니던 서점에서 일하고 있어요. 곧 출판사의 편집자 자리를 얻을 수 있을 것 같아요. 이제 내 결심은 바뀌지 않을 거예요. 아직 이혼이라는 문제가 남아 있긴 하지만요.
　나는 아직 나 자신이 새로운 기슭에 닿았다는 사실을 믿을 수가 없어요. 마치 아주 고약한 병을 오래 앓고 난 것처럼 말이에요.
　난 이제부터 다시 걷는 법과 새로운 공기 속으로 나가는 것을 배울 거예요.
　언제 한 번 저를 방문해 주시겠어요? 예전의 그 서점에 오신다면 수요일을 빼고는 언제라도 괜찮아요.

당신의 N

　이 편지는 나를 다시 불안하게 만들었다. 나는 여행을 하면서 니나를 잊는 일에 어느 정도 성공했다고 생각했다. 하지만 그게 아니었던 모양이다. 만일 그랬다면 니나의 편지가 나를 그렇게까지 당황하게 만들지는 않았을 테니까.
　나는 니나에게 가지 않겠다. 니나에게는 이제 내 도움이나 우정 따위는 필요치 않다.

1937년 10월 30일

어쩔 수 없는 생각들……. 니나는 자신이 폭군처럼 나를 마음대로 한다는 사실을 의식하지 못하고 있다. 니나는 그저 자연스럽게 움직일 뿐이다. 게다가 내가 자발적으로 바쳐 온 우정을 니나가 믿는 것은 당연한 일이 아닌가?

막연한 희망이긴 하지만 니나에게는 내가 가장 가까운 인간(남자가 아닌)이 아닐까? 아무튼 내가 다시 니나를 찾아간다면 그것은 우정 이외의 것은 아무것도 아닐 것이다.

1937년 11월 12일

결국 나는 니나에게 가고 말았다. 니나는 여전히 옛날의 모습 그대로였다. 표정이 더 풍부해졌고, 다소 신경질적인 태도가 그 동안 겪은 고통을 나타내고 있었다.

니나는 지금까지 두 개의 단편을 끝냈고, 이제 곧 장편으로 들어갈 예정이라고 했다. 마침내 자신의 천성에 어울리게 살아가고 있는 니나, 그 무한대의 자유…….

니나에게 나는 여전히 '옛친구'였다. 니나는 내가 자기를 사랑하고 있으며, 그로 인해 고통당하고 있다는 것을 알면서도 왜 나를 부르는 것일까?

나는 니나가 결코 나를 사랑하지 않으리라는 것을 안다. 벌써 7년 전에도 그랬으니까. 그러면서도 니나는 내게 자유를 돌려줄 생각도 없다. 니나는 그것이 얼마나 가혹한 짓인지 모르고 있는 것일까. 하지만 니나 없는 내 생은 무슨 의미가 있단 말인가?

1938년 3월 1일

어젯밤 나는 니나와 레기나에 갔었다. 니나는 아주 즐거워했다. 니나는 그럴 기분이 아니라는 것을 알면서도 내게 자꾸 춤을 추자고 졸랐다. 나는 니나를 위해 어쩔 수 없이 춤을 추었다.

마침내 나는 니나가 왜 그렇게 유쾌해했는지 알아 냈다. 니나는 어제 정식으로 퍼시와 이혼했던 것이다. 니나의 얼굴은 기쁨으로 빛났다. 마음만 먹으면 니나를 안을 수도 있었으나, 그런 값싼 기회를 이용하는 것은 내 성격에 맞지 않는다.

익명의 편지

1938년 3월 20일

익명의 편지란 유쾌하지 못한 법이다. 그저께 나는 서명이 없는 타자기로 쓴 편지 한 통을 받았다.

편지를 보낸 사람은 내가 가장 높이 평가하는 사람에게 이용당하고 있으며 그 여자는 돌볼 가치가 없는 여자라고 적고 있었다. 게다가 그 여자는 최근 네 명의 다른 사내들과 공개된 장소에서 난잡한 행동을 했으며 정치적으로도 깨끗하지 못하다는 것, 만약 자기 말을 믿지 못하겠다면 휘어 야레스차이텐의 바나 물랭 루즈에 가 보라고 했다.

니나가 방종한 생활을 하고 있다는 것은 그다지 놀랄 일이 못 된다. 하지만 니나가 정치적으로 위험한 상황에 놓여 있다는 사실은 내게 충격을 주었다.

나는 마음속의 저항에도 불구하고 니나가 어떤 인물들과 어울리는지 알아봐야겠다고 생각했다. 하지만 누가 이 따위 편지를 내게 보냈단 말인가? 일부러 서투름을 가장하면서……. 아주 일순간이었으나 나는 헬레네를 떠올렸다. 고양이가 사라진 이래 우리는 이전의 관계를 회복하지 못했다. 헬레네는 나를 니나로부터 떼어 놓는 일이라면 아마도 물불을 가리지 않을 것이다.

하지만 이 편지는 니나의 정치적 행동을 주시하고 있는, 나로선 전혀 알 수 없는 어떤 미지의 인물에게서 온 것일 수도 있다. 어쨌든 나는 불안하다.

오해의 끝

1938년 4월 1일

내가 한 일은 결과적으로 아무 소득도 없이, 그나마 우리 사이에 남아 있던 우정까지 큰 상처를 입히고 말았다.

3월 24일, 나는 레기나 호텔의 바에 갔다. 그 곳에 니나가 있었다. 그것도 내 동료 마이트의 어깨에 기댄 채. 두 사람은 아주 유쾌해 보였다. 나는 얼른 그 곳을 빠져 나왔다.

3월 26일, 나는 물랭 루즈에서 니나가 몇 명의 젊은이들과 함께 있는 것을 보았다.

그들은 뭔가를 토론하고 있었다. 젊은이들이 자주 니나를 쳐다보며 의견을 구하는 것으로 보아 니나가 그 모임의 리더인 듯했다. 니나의 열에 들뜬 표정은 내게 또 다른 충격을 주기에 충분했다.

28일의 니나는 나를 가장 불쾌하게 했다. 나는 자정 무렵에야 휘어야레스차이텐의 바에서 니나를 찾아 냈다. 니나는 두 남자와 함께 있었다. 그 중 한 사람은 나의 고문 헬름바흐였다. 니나는 두 남자와 경박한 농담을 주고받고 있었다.

나는 바를 나가며 니나와 이 문제를 진지하게 의논해 봐야겠다고 생각했다. 그러나 결과는 참담한 실패로 끝나고 말았다.

나는 니나를 찾아갔지만, 그 이야기를 꺼낸다는 것이 쉽지가 않았다.

그래서 마지막에는 결심 자체를 포기할 뻔했다.

"무슨 일이지요? 뭔가 초조해 보이는군요."

나는 아무 일도 아니라고 말했다. 그러나 니나는 집요하게 물었다.

"니나, 다시 정치적인 활동을 시작했더군."

니나는 갑자기 몸을 일으키더니 내 입을 막았다. 그러고는 주전자 덮개로 전화기를 씌웠다. 내가 의아해하자 니나가 말했다.

"아무도 몰래 도청할 수도 있대요."

니나는 다시 소파로 돌아와 말했다.

"이제 말씀하세요."

그러나 나는 니나의 말투에서 조롱을 읽었다. 내가 아무 말도 하지 않자, 니나가 입을 열었다.

"그러니까 저에게 위험을 알려 주러 오신 거죠? 감사합니다. 그리고 잘 알겠어요. 하지만 우린 이미 그 부분에서 서로 통하고 있지 않았던가요?"

"그랬었지. 하지만 역시 말하는 게 나을 것 같군. 그렇지 않으면 당신은 날 비겁자로 알 테니까. 난 익명의 편지를 한 통 받았고, 거기엔 당신이 감시 대상으로 올라가 있었소."

"그런데요?"

니나는 태연하게 말했다.

"그런데라니? 당신은 위험 속에 놓여 있어!"

나는 내가 생각했던 것보다 더 흥분하여 소리쳤다.

"그래요, 이미 6년 동안이나……. 그걸 모르셨나요?"

"하지만 당신은 혼자가 아냐. 아이들도 있고, 게다가 반정부 활동을 하기에는 너무 위험한 시기야."

"그러니까 당신도 정부에 반대는 하지만, 어떤 행동을 하지는 않겠다는 말씀이로군요?"

"이젠 그런 시도조차 너무 늦었소. 당신은 당신들의 젊은 힘을 믿고 있겠지만, 당신들의 희생이 아무 의미가 없어질 수도 있소. 당신은 위험 속에서 살고 있어."

"그 말은 조금 전에도 하셨어요."

니나는 냉정하게 잘라 말했다.

"그러니까 당신은 내 영혼을 구제하러 오셨군요. 내가 때때로 밤 외출을 하고, 남자들과 어울리기도 하는, 그 모든 생활의 변화에 대해서 말이에요."

"물론 내가 당신 생활에 대해 간섭할 권리는 없소. 하지만 나는 다른 누구보다도 당신을 잘 알아. 당신은 그 누구도 갖지 못한 강한 힘을 지녔소. 그렇지만 너무 많은 모험을 감행하는 여자는 손해를 보는 법이오."

니나의 표정이 어두워졌다.

"그러니까 날더러 살지도 말라는 말씀이군요?"

니나는 큰 소리로 말했다.

"내가 제대로 한번 살아 본 적이 있었던가요? 난 살고 싶어요. 나의 생을 사랑한다고요. 물론 당신은 이런 저를 이해하지 못하실 거예요. 당신은 단 한 번도 진짜로 산 적이 없으니까요. 당신은 지금껏 생을 피해 가기만 했어요. 한 번도 위험에 몸을 던진 일이 없었어요. 그래서 당신은 도대체 무엇을 얻었지요?"

니나는 이제 자신을 제어할 힘마저 잃어버린 것 같았다.

"당신은 행복이 뭔지조차 모르는 사람이에요. 하지만 난 그걸 알아요. 난 당신이 내 인생을 당신 인생처럼 무미건조한 것으로 만들어 버리려는 것에 견딜 수가 없어요. 나를 얼마든지 비웃어도 좋아요. 생을 사랑하는 내 태도가 생에 대해 공포를 느끼는 당신보다는 덜 경박할 거예요."

이번에는 나도 자제력을 잃었다.

"생이라고! 그게 도대체 뭐지? 당신은 이 남자 저 남자의 품에 안기는 것이 생이라고 생각하나?"

두 사람 다 입을 다물었다. 우리는 이 싸움의 격렬함에 함께 놀랐다. 잠시 후 니나가 희미하게 미소를 지었다.

"이제 도덕 재판관들의 기분을 이해하시겠군요?"

"니나, 내가 그런 뜻으로 말한 게 아니란 걸 당신도 알잖소?"

"당신은 그렇게 쉽게 말할 수 있겠죠. 당신은 나보다 스무 해나 더 많이 사셨어요. 하지만 당신은 내가 어떻게 살아가고 있는지 알지 못해요. 난 아침 여섯 시면 잠을 깨요. 그런 다음 원고를 봐요. 출판사에서는 우선 자리가 날 때까지 저에게 일을 주기로 했어요. 아홉 시부터 다섯 시까지는 서점에서 일을 하지요. 그런 다음 극장에 가서 영화를 봐요. 저녁 신문에 영화평을 써 주고 돈을 받거든요. 그 외 정치적인 일들을 하고…… 시간이 생기는 틈틈이 단편을 쓰지요. 당신이 보기엔 이것이 제 인생의 전부인 것 같아요?"

니나는 방 안을 왔다갔다하며 말을 계속했다.

"그런데 당신의 생활은 어떤가요? 하루에 네 시간 정도 강의를 하고, 그 외의 시간은 당신 마음대로 쓸 수 있지요. 돈걱정 따위는 해 본 적도 없고요. 당신의 생활은 아무런 근심 걱정 없이, 물 흐르듯 흘러가지요. 당신은 보장된 사회적 지위가 있고, 원하기만 하면 얼마든지 고상해질 수 있으니까요. 그래서 당신은 나같이 불안정한 사람에 대해서 우월감을 느끼게 되는 거지요."

니나는 날카롭게 덧붙였다.

"내가 되는 대로 살아간다고 생각하신다면 그건 절대 잘못된 생각이에요. 난 다른 사람이 아닌, 나 스스로에 의해 살아갑니다. 당신도 그 고상하고 우아한 생활을 포기하고 한 번쯤은 달리 살아 보셔도 좋을 텐데요."

"우린 서로 몰락하는 대로 내버려 두는 수밖에 없겠군."

"아뇨, 전 결코 몰락하지 않아요."

니나는 아주 도전적으로 말했다. 작별할 때 니나는 그 어느 때보다도 오만하고 냉담했다. 애초에 니나를 자극한 것은 나였으니 그녀가 나를 비난하는 것은 당연하다.

어쨌든 나는 어리석음으로 인해 니나의 호의를 망가뜨렸고, 그녀의 사랑을 얻을 수 있는 마지막 기회를 잃었다.

니나와 내가 나눈 얘기는 너무 피상적이고 오해되기 쉬운 것들이었다. 이런 종류의 오해는 해명할 길도 없다. 우리 사이에 더는 다리를 놓을 수 없다는 이 낯설음. 나는 다시는 니나에게 가지 않을 것이다.

역사의 수레바퀴 속으로

1946년 7월 21일

1942년, 가택 수색의 공포에 직면했을 때, 나는 일부 페이지들을 찢어 버리지 않을 수 없었다. 나는 사라진 페이지들에 대해서 유감스럽게 생각한다. 왜냐하면 1939년 내가 취한 태도에 대한 해명이 지금에 와서는 비겁자의 변명으로 매도되고 있기 때문이다. 만약 니나가 이 글을 읽는다면, 내가 변명하기를 요구당했음에도 그렇게 하지 않은 사실을 기억해야 할 것이다. 왜냐하면 나로서는 니나에게 제대로 평가되는 것이 공적인 명예 회복보다 더욱 소중하기 때문이다.

나는 당시 내가 기록한 것들을 조금도 각색함이 없이 여기에 재구성하려 한다. 나는 이미 수차례 당에 가입하도록 강요받아 왔다. 그 때마다 나는 간신히 그 올가미에서 벗어나곤 했다. 1939년 1월, 마침내 최후의 통첩이 왔다. 나치에 가입하거나 아니면 관직을 박탈당하는 것, 이것이 내 마지막 선택이었다. 그 때 내가 니나가 생각하는 것처럼 자유로운 사람이었다면 고민할 것도 없었다. 그러나 나는 그렇게 자유로운 사람이 아니었다.

우선 나는 반유대 인적인 부인 때문에 직장을 잃은 마이트에 대한 책임을 떠맡고 있었고, 내 조수였던 빌 부인은 정치적인 이유로 해고된 채 전적으로 나의 도움에 의지하여 살아가고 있는 형편이다.

그리고 무엇보다도 나에게는 니나가 있었다. 니나가 조만간 정치적으로 어려움을 겪을 것은 명약관화한 것이다. 만약 그렇게 된다면 니나를 도울 수 있는 사람은 나뿐이었다. 이러한 상황들과 니나 앞날의 불투명한 전망이 나의 운명을 결정하게 된 것이다.

1939년 2월 20일, 나는 불길한 상황으로 빠져드는 것을 명백히 인식하면서 나치당에 입당했다. 몇 사람에 대한 의무 이행을 위해 수많은 인간들을 위협하는 대열에 발을 들여놓은 것이다.

내가 만약 나의 정치적 신념만 좇았다면 어떻게 되었을까? 나는 소중한 사람들을 희생시켰을 뿐만 아니라 일반적인 파괴 행위도 막지 못했을 것이다. 하지만 다행히 나는 전쟁이 끝날 때까지 내 친구들을 지켜 냈다. 나 역시 1942년에는 다른 사람의 도움을 받지 않으면 안 될 정도로 위험에 처했으나(마이트와 빌 부인에 대한 나의 우정이 드러나면서) 어쨌든 위험은 사라졌다. 내가 보호해 준 그들은 중요한 자리에서 내 명예 회복을 위해 온 힘을 기울이고 있다.

나는 다시 강의를 시작할 수도 있을 것이고 지불 연기된 월급도 돌려

받게 될 것이다. 그렇게 해서 모든 것은 사람들의 기억 저편으로 사라질 것이다. 그러나 나는 그럴 수가 없다. 물론 나는 자신의 이익을 위해서는 손끝 하나 움직이지 않았고 앞으로도 그럴 것이다. 그러나 나는 나의 복권을 받아들이지 않을 것이며, 강의를 하지도 않을 것이다.

그렇다고 내가 앞으로 1년도 못 살 만큼 아픈 것은 아니다. 하지만 사람들은 병 때문이라고 여기고 나의 거절을 받아들일 것이다.

나는 자신의 죄——나치 입당은 그 일부에 불과하다——에 대한 날카로운 인식을 가지고 있다. 나는 통찰력을 가지고 있으면서도 그것을 전적으로 믿고 따라가는 힘을 갖지 못한 인간이다. 만약 미래가 있다면 니나처럼 결단력 있는 그런 부류가 가지게 될 것이다.

다음 일기는 다시 좀 퇴색된 1942년의 종이에 씌어 있었다.

1942년 11월 4일

내 일기에 큰 공백이 생겼다. 전쟁은 나를 침묵하게 했다. 사적인 문제는 전체적인 파괴의 국면 앞에서 하나도 중요하지 않게 여겨졌다.

지난 해 나는 니나를 여러 번 만났다. 우리의 우정은 냉정하고도 영속적인 단계로 접어든 것 같았다. 모든 사람들이 시대와의 불협화음 속에서 자신의 고유한 목소리를 잃어버렸듯이, 지금의 니나 역시 좀더 비개인적이 되었다. 그 동안 니나는 두 권의 책을 썼다. 두 번째 책은 출판 금지되었다. 또 작년 여름에는 다니던 출판사를 그만두어야만 했다. 다행히 전에 다니던 서점에서 니나를 다시 고용해 주었다.

니나의 아이들은 잘 자라고 있다. 특히 알렉산더를 빼닮은 루트는 더없이 천진하게 잘 자라고 있다.(니나는 이미 내가 몇 년 전부터 그 사실을 알고 있다는 것을 모른다). 어머니로서의 니나는 아주 훌륭하다. 그녀는 아이들을 끔찍하게 사랑한다.

니나는 이미 내가 한 행동을 알고 있을 텐데도 전혀 내색하지 않고 있다. 니나의 성격상 내게 혹독한 비난을 퍼붓는 편이 나을 것 같은데 그러지 않았다. 니나는 날 봐주고 있는가? 아니면 내 행동의 동기를 눈치챘는가? 어쩌면 니나는 내가 생각하고 있는 것보다 더 깊이 나를 이해하고 있는지도 모른다.

오늘 밤의 방문으로 미루어 보아 니나는 나를 신뢰하고 있는 것도 같다. 니나는 10년 전에 그랬던 것처럼 이번에도 나를 정치적인 목적에 이용하려는가? 그러나 그것까지는 알 수가 없다.

자정이 조금 못 되었을 때(지금은 아침이다) 초인종이 울렸다. 나는 마침내 올 것이 왔다고 생각했다. 나는 운명에 몸을 맡기고 아주 천천히 문을 열었다. 그러나 문 앞에 서 있는 것은 니나였다. 나는 순간적으로 니나가 도피하는 중이라고 생각했다.

니나는 비에 젖은 코트를 벗을 생각도 하지 않고 서둘러 말을 꺼냈다. 니나는 할이 체포되어 감옥에 있으며 며칠 내로 처형될 것이라고 했다. 물론 나는 할을 아주 싫어했지만, 그 이야기를 듣자 충격을 받았다. 니나가 보이고 있는 비통함 역시 내게는 충격이었다. 니나는 아직도 그에게 끌리고 있는 것처럼 보였다.

니나는 내게 독약을 달라고 거침없이 말했다. 니나는 할에게 죽음의 자유를 마련해 주려는 것일 뿐이라고 했다. 훌륭한 계획이긴 했다. 나 역시 인간의 자유에 대한 권리가 죽음에까지 확장되는 것에 동의했다. 하지만 그것이 할인 이상 문제는 복잡해졌다.

니나가 이 계획을 위해 나를 택한 것은 잔인한 짓이다. 나는 구토를 느꼈다. 나는 지금까지 여러 번 할의 죽음에 대한 갈망을 간신히 억눌러 왔다. 그런데 이제 와서 왜 하필 나란 말인가?

나는 니나에게 독약을 전해 주는 일은 아주 위험한 일이라는 것을 설명했다. 하지만 그런 설득은 오히려 니나의 고집을 확고하게 만들어 줄 뿐이었다. 나는 니나의 가장 예민한 부분을 찔렀다. 내가 그 누구에게서도 심각한 경험의 가능성을 빼앗을 수는 없다고 말하자, 니나는 화를 냈다. 니나는 그가 어쩌면 죽음의 결단을 통해 더 중대한 인식에 도달할 수도 있다고 주장했다.

나는 다시 니나에게 할이 최후의 순간에 구출될 가능성에 대해 말해 보았다. 그러자 니나는 나를 날카롭게 쏘아보며 말했다.

"우리가 오랜 우정을 지켜 오는 사이, 제가 두 번째로 부탁드린 일이에요. 그런데 당신은 이번에도 냉정하게 거절하시는군요."

나는 니나에게 독약을 내줄 수밖에 없었다. 비상시를 위해 내가 늘 지니고 있던 카페인에서 반을 덜어냈다. 비가 추적추적 내리는 새벽 4시에 니나는 떠났다.

헤어지고 나서 얼마쯤 지났을까, 갑자기 니나가 돌아와서 격렬하게 키스를 했다. 나는 빗줄기에 가려 보이지 않을 때까지 니나의 뒷모습을 바라보며 서 있었다. 그렇게 서 있는 동안 신경은 한 가닥씩 굳어졌고, 모든 세포가 얼어붙었다. 나의 내면에서는 생명이 사라졌고, 나는 자신이 그렇게 남아 있으리란 사실을 깨달았다.

1944년 5월 3일

니나가 체포됐다. 반란 방조죄로 15년 형을 받았다. 니나는 아이사햐의 감옥에 수용되어 있다. 어제 나는 니나에게 갔다.

"사형도 아니고, 강제 수용소 행도 아니니 기뻐하세요."

15년이라니! 나는 자제력을 잃었으나 니나는 그저 담담하게 미소지을 뿐이었다.

니나는 이미 반 년을 복역했다. 니나를 처음 보았을 때, 나는 그녀를 알아보지 못했다. 내가 알던 니나는 죄수복을 입고 볼이 잿빛으로 푹 꺼진 그런 니나가 아니었다. 니나는 그 곳이 다시 만나기에 가장 어울리는 장소라도 된다는 듯이 내게 인사를 건넸다.

니나와 나에게 허락된 시간은 고작 5분이었다. 니나는 아이들을 가끔 찾아가 봐 줄 것을 부탁했다. 아이들은 1934년에 니나의 집이 폭격당했을 때, 전 가정부가 자기 시골집으로 데려다 놓았었다. 나는 니나에게 내가 도와줄 일이 없는지 물어 보았다.

니나는 아무것도 필요하지 않다고 단호하게 말했다.

여간수는 니나에게 호의를 갖고 있는 것 같았고, 우리 얘기를 건성으로 듣고 있었다. 그 때 니나가 내 귀에 대고 속삭였다.

"난 쉽게 빠져 나갈 수 있을 거예요. 15년까지는 안 걸려요. 절대로."

다시 이끌려 나가기 전, 니나는 미소를 지으며 말했다.

"다신 찾아오지 마세요. 그건 나한테도 도움이 되지 않아요."

니나에게서 절망의 빛은 보이지 않았다. 움푹 팬 눈은 여전히 빛을 발하고 있었다.

니나는 지금까지 그래 왔던 것처럼 이번의 시련도 씩씩하게 이겨낼 것이다. 그러나 나는 그렇지 못했다. 니나가 그런 곳에, 내가 도울 수도 없는 곳에 있다는 사실은 나에게 고문이나 마찬가지였다.

이어서 짤막한 메모가 덧붙여 있었다. 그것은 흘린 글씨로 씌어 있어 간신히 알아볼 수 있었다.

1947년 9월 3일
오늘 알렉산더가 러시아 포로 수용소에서 사망했다는 소식을 들었다.

그러나 나는 집요하게 그와의 해후를 꿈꾼다.

내게는 이제 어떤 위안도 필요 없다. 마침내 고통은 극에 달했다. 그래서인지 모든 것이 한데 뭉쳐진 듯한 기막히게 자유롭고 명랑한 상태가 마지막으로 다가오고 있음을 느낀다. 이 모든 것들이 이승에서의 나의 생에 대한 작별을 조금은 손쉽게 해줄 듯하다.

이 메모에 이어서 두 페이지의 여백이 나왔다. 텅 빈 여백은 갑자기 나를 불안하게 만들었다. 아마도 내 느낌이 맞다면, 여기에 씌어져야 할 너무나 많은 얘기는 불가항력적으로 침묵되었으리라.

어쩌면 내가 불면의 밤을 겪은 탓에 신경이 날카로워져서인지도 모르겠다. 어쨌든 계속 이어지는 일기는 그 중간에 특별히 나쁜 일이 일어나지 않았음을 나타내고 있다.

1945년 5월 10일

전쟁이 끝났고, 니나는 석방되었다. 니나는 제일 먼저 나를 찾아왔다. 핏기 없는 얼굴에 화장기라곤 없었다. 그 모습은 마치 15년 전에 내 진찰실에 처음 나타났을 때의 모습과 똑같았다. 몹시 쇠약한 상태임에도 니나는 예전처럼 생명과 신뢰의 분위기에 넘쳐 있었다.

나는 일선으로 나가게 되었을 때, 니나에게 주려고 써 두었던 편지를 줄까 생각했으나, 곧 내 생각을 바꾸었다.

나는 지금 병들고 늙어가고 있지 않은가. 내 병은 급속도로 진전되어 기껏해야 2년 정도의 시간이 남아 있을 뿐이다. 그러나 나는 니나를 변함없이 사랑하고 있다. 그리고 이제 나의 전생명은 오직 그 하나에만 집중되어 있다.

니나의 집은 다 파괴되어 손보기도 힘든 상황이었다. 나는 내 집을 쓰도록 말해 보았다. 그러나 니나는 당분간 아이들과 함께 슈타른베르크에 머물 계획이라고 했다. 나는 물론 이해했으나 니나가 내게 오지 않은 것이 서운했다. 나는 니나가 내 곁에 있어 주기를 얼마나 간절히 원했는지 모른다.

나는 지금까지 주변의 인간들이 변하는 모습을 지켜보면서 전율을 느껴 왔다. 나는 이런 시대를 이겨낼 수 없다. 그러나 니나라면 그런 나를 도와줄 수 있을 것이다. 아니, 니나는 어쩌면 내가 시대와 현실에서 도피하는 것을 나무랄지도 모르겠다.

1946년 8월 4일

만약 내 친구들이 자신들의 도움이 나를 얼마나 괴롭히는지 알았더라면……. 나는 그들을 모욕할 생각은 없다. 다만 나는 그 모든 것을 정리하고 싶다는 욕망뿐이다. 하지만 그것은 결코 쉬운 일이 아니다. 내 죄를 시인한다고 해서 내 마음이 가벼워지는 것은 아니니까. 모든 행위는 취소될 수 없으며 그것은 아직까지도 부단히 작용을 계속한다는 것을 지금처럼 뼈저리게 느낀 적도 없다.

나는 내가 처한 상황을 니나와 함께 이야기해 보고 싶다는 결렬한 욕구를 느꼈다. 니나는 이해해야 한다. 내가 나 자신을 위해서는 아무런 선심도 받아들이고 싶어하지 않는다는 것을.

하지만 니나는 이해할까? 나 역시 다른 사람과 조금도 다르지 않으며, 때로는 턱없이 심약할 때도 있다는 것을. 나는 내 병이 거침없이 진행되고 있음을 느낀다. 때때로 나는 내 앞에 입을 벌리고 있는 공허에 두려움을 느낀다. 니나에게 나와 저녁 시간을 함께 해 달라고 간절히 부탁해 봐야겠다.

헬레네는 고통스러워하는 나를 보고 괴로워하고 있다. 하지만 그 애는 대화 상대로서 점점 부담스러워지고 있다. 우리는 아무 말 없이 앉아서 시간이 흐르는 것을 함께 느낄 뿐이다.

니나를 불러야겠다. 니나는 8개월 정도 통역 일을 한 뒤 지금은 《새소식》의 기자로 있다. 최근에 나는 니나를 한 번도 만난 일이 없다. 그동안 니나가 굉장히 바쁜 탓에, 날 위한 시간을 내 달라는 부탁을 하기도 어려웠다.

화려한 성공

1946년 8월 8일

오늘 만난 니나는 순풍을 받고 드넓은 바다로 나아가는 큰 배와도 같았다. 그런 니나의 모습은 내게 낯설었다. 이미 니나에게서는 지난 날의 우수를 발견하기가 어렵다. 그 어둡고 거칠던 열정, 마녀적인 기질은 어디에도 보이지 않는다. 니나는 드디어 성공한 것이다. 그녀는 이제 인생의 밝은 편으로 들어선 것이다.

그러나 니나는 지금도 그런 외적인 성공의 세계에는 속해 있지 않다. 니나는 머지않아 그 모든 것을 혐오하게 될 것이다. 물론 나는 니나가 마침내 손에 넣은 자유가 그녀를 즐겁게 해 준다는 것을 이해한다. 나아가 니나가 자기 내면에 내재돼 있는 가능성을 새삼 느끼고 있음도.

니나는 이제 청춘을 보상받을 것이다. 자신이 놓쳐 버렸다고 믿었던 20대의 희망과 그 모든 것을 되찾을 수 있을 것이다. 행복은 지금 니나의 편에 서 있다. 그녀가 시작하는 모든 일이 멋진 성공을 가져오고 있는 것이다. 니나는 훌륭한 집을 샀고, 신문사에서도 엄청난 영향력을 가지고 있었다. 또 새 소설은 큰 성공을 거두었다(나도 그것을 읽어 보았는데, 예전 책들에서 보여 주던 현명한 어둠이 부족한 것 빼고는 모든 것이 훌륭했다). 니나는 정치에 입문하라는 제의도 받았다. 내가 보기에 활동적인 니나로서는 그런 제안에 이끌릴 것도 같았으나, 그녀는 마지막 순간에 그 제안들을 거부했다.

아무튼 니나는 그렇게 자신만만한 상태였으므로, 나는 내 문제로 니나를 괴롭힐 수는 없었다. 니나는 나의 명예 회복을 위해서 가장 많이 노력했음에도 불구하고 내 앞에서는 한 마디도 안 했다.

니나는 여전히 독신이었고, 그 상태에 만족한다고 했다. 니나는 전혀 나이 들어 보이지 않았다. 함께 있는 동안 나는 몇 번이나 황홀함을 가지고 니나를 바라보았다.

이 밤 나는 얼어붙을 듯한 고독 속에 남겨졌다. 나는 이제 더 이상 사람들 속에 있지 않았고, 나 또한 그것을 원하지 않는다(나는 지금껏 니나와 알렉산더 외에는 찾지 않았다). 나는 이제 다른 사람은 아무도 따라오지 못할 그런 길을 혼자 가고 있다.

내가 니나에게 와 주기를 간절히 청한 것은 이 무서운 고독 앞에서 동맹을 맺기 위해서였다. 하지만 니나가 아무리 온 힘을 다해 노력할지라도 이미 그것은 가능하지 않다. 나는 이 무감각을 슬퍼하지도 않는다.

그러나 어쩌면——이 문장 사이에는 이미 몇 시간이 흘렀다——이 무감각 속에 극도의 절망이 숨겨져 있는 것은 아닌지?

영원한 이별

1947년 9월 4일

나는 꽤 오랫동안 아무 소득 없는 요양을 계속하고 있다. 육체적 고통은 참을 수 없을 만큼 심해졌다. 알렉산더의 죽음은 내게 종말에 대한 나의 동경을 강하게 만들어 주었다.

나는 9월 8일을 내 죽음의 날로 정했다. 니나를 만난 지 꼭 18년이 되는 날이다. 나는 그 전에 니나와의 작별을 준비해야 한다. 니나는 내가 아프다는 것을 잘 알고 있다. 하지만 그것이 어느 정도인지는 짐작도 못하고 있다. 나는 결코 그것을 알리지 않을 것이다.

1947년 9월 7일에서 8일 밤에

이것이 내 생의 마지막 기록이 될 것이다. 나는 이미 뭔가를 쓰는 일조차 힘들다. 나는 이미 생보다는 죽음에 더 가까이 다가가 있다. 이젠 추억도 아무 의미가 없다.

니나는 오후 늦게서야 나를 찾아왔다. 나는 헬레네에게 니나와 단둘이 있고 싶다고 말했다. 그 애는 비통한 태도로 내 부탁을 들어주었다. 나는 모르핀을 썼다. 덕분에 몇 시간은 비교적 유쾌한 상태를 유지할 수 있었다.

니나는 내게 처음으로 꽃을 선물했다. 꽃을 받은 나는 감동했다. 나는 애초에 니나를 부르는 것에 대해 두려움을 갖고 있었다. 니나의 생기를 감당할 자신이 없었기 때문이다.

그러나 나는 니나가 많이 변해 있다는 것을 알았다. 지난 해의 공명심이나 정열, 분주함, 감정의 지나친 노출 등은 찾아보기 어려웠다. 그렇다. 그 모든 것은 니나에게 있어 하나의 과정에 지나지 않았던 것이다. 그것은 니나가 자기에게 주어진 침묵을 벗어나려는 시도였던 것이다(니나, 당신이 이 글을 진정으로 이해할 수 있을지 모르겠소. 아마 당신은 이 페이지에 기록된 것들을 인정하지 못할 테지. 하지만 머지않아 내가 말하려는 것이 무엇인지 알 것이오).

우리는 오랫동안 이야기를 나누었다. 그러나 나는 그것을 되풀이하고 싶지는 않다. 나는 어두운 강기슭에 앉아 있었고, 니나는 다리도 없는 강 건너편에 있었다. 우리는 어느 새 대화 끝의 긴 침묵에 이르러 있었다. 그 때만큼 우리 두 사람 사이가 가깝게 느껴진 일도 없을 것이다.

"니나, 내가 어둡고 출구 없는 긴 복도를 걸어 나갈 때 언제나 문을 열어 준 것은 당신이었소."

나는 말했다.

"그 때마다 나는 늘 당신과 함께 햇빛이 눈부신 자유로운 지평을 만날 수 있었소. 비록 그 땅에 발을 들여놓지는 못했지만, 그것을 보는 것만으로도 나는 절망에서 구원되곤 했지."

"아, 당신은……, 어째서 내가 늘 그 문을 닫아 버렸다고 말씀하시지 않나요?"

니나는 부드럽고도 슬픔에 잠긴 목소리로 물었다.

"아니, 그렇지 않았어."

나는 말을 계속했다.

"당신은 당신이 생각한 것보다 훨씬 오래 그 문을 열어 두었지만, 그곳에 들어갈 용기가 없었던 건 바로 나였어. 난 원래 빛을 위해 만들어진 인간은 못 되니까. 그건 당신도 잘 알 거야. 우리는 서로 조화롭긴 했지만 결코 다른 사람들이 있는 그 피안의 영역을 함께 넘어설 수가 없었던 거야. 당신은 그런 내 인생을 용납할 수 없었지. 그건 당신의 인생과는 너무나 달랐으니까."

"하지만 당신은 언제나 내 인생을 이해하고 인정하셨지요."

이 때 나는 '당신을 나 자신보다 더 사랑하기 때문에'라고 말하지 않았다. 그 대신 조용히 미소지었다. 니나는 놀란 표정으로 나를 보더니 차츰 이해가 되는 듯 조용히 물었다.

"그런데 당신은 왜 '이다', '원한다' 대신 '였다' '원했다'라고 과거형으로만 말씀하시는 거지요?"

나는 그 질문에 대답하지 않았다. 두 사람 다 한동안 말이 없었다. 나는 니나가 내 무언의 답을 들었는지는 알 수 없다. 하지만 니나가 이 낯선 침묵이 어떤 심연 위에 가로놓인 것이란 걸 알아차렸다는 생각이 들었다.

그렇게 해서 니나는 나를 떠나갔다. 나는 니나의 뒷모습을 오래 지켜보았다. 니나는 길모퉁이를 돌기 전 잠깐 머뭇거리며 뒤돌아보았다. 나는 그것이 이승에서 보는 니나의 마지막 모습이란 사실에 굉장한 고통을 느꼈다.

나는 이런 아름다운 해후를 선물한 생에 감사한다. 조금 전까지 내 곁에 머물렀던 니나의 목소리는 내가 들은 마지막 목소리, 니나의 눈빛은 내가 기억하는 마지막 눈빛이 되리라.

새벽이다. 생의 수많은 죄……. 어떤 변화도 있을 수 없는 마지막 순간에 다가온 통찰은 너무 고통스럽다. 나는 니나 앞으로 마지막 편지를 썼다.

차츰 날이 밝아 온다. 견딜 수 없는 고통이 나의 의식을 뒤덮기 시작한다.——

그 남자와의 만남

일기는 그렇게 끝이 났다. 그 끝이 너무 슬퍼서 나는 울지 않을 수 없었다. 나는 이미 그 시효가 지난 슈타인의 고통 때문에 운 것만은 아니다. 니나의 자살 행위나 다름없는 이별 때문에 운 것도 아니었다. 나는 생애 처음으로 나 자신 때문에, 그리고 마치 잿빛으로 젖은 그물 같은 자기 숙명에 휘말린 모든 인간의 슬픔 때문에 울었다.

과연 누가 이 그물을 찢을 수 있을 것인가? 그것이 가능하다고 해도 사람들은 그물에 발이 걸려 있어, 결국 그것을 끌고 다닐 수밖에 없는 것이다.

한동안 나는 멍하니 앉아 있었다. 그렇게 앉아 있는 동안 어둠은 빗소리를 뚫고 느리게 다가왔다. 나는 갑자기 조바심이 나기 시작했다. 오래 기다리고 있을수록 점점 더 그 남자와 만나는 일이 힘들게 여겨졌다. 도대체 그 사람을 만나서 어쩌자는 것인가?

어둠이 점점 짙어지자 나는 이 남자는 오지 않을 모양이라고 생각했다. 문득 바덴 바일러에서의 일이 떠올랐다. 니나가 온종일 기다렸던 사람도 바로 이 남자가 아닐까? 그 때도 그는 끝내 오지 않았었지. 그는 도대체 어떤 남자일까? 나는 호기심을 억누를 수가 없었고, 결국 화가 났다. 난 대체 어찌해야 한단 말인가?

자동차가 집 앞에 도착한 것은 이미 사방이 어두워진 뒤였다. 곧이어 초인종이 울렸다. 누군가가 계단을 올라오기에는 너무도 짧은 순간이어서 나는 놀랐다. 어쨌든 그는 온 것이다. 예상했던 대로 숨가쁘게.

나를 보자 그는 방심해서 슬쩍 웃었다. 그런 다음 아주 재빠르게 빈 방을 들여다보았다. 나는 그 순간의 그처럼 빠르게 사태를 파악하는 사람을 보지 못했다.

"니나는 언제 떠났습니까?"

"그 애가 계획했던 대로요."

그는 아무것도 기대하지 않았다는 듯이 한두 번 고개를 끄덕였다.

"좀 들어오시겠어요?"

그러나 그는 내 말을 듣고 있지 않았다.

"니나는 제가 전화한 걸 알고 있었나요?"

"아마도. 일단 좀 들어오세요."

그는 느리게 내 뒤를 따라 들어왔다. 그는 두 개의 빈 방을 보자, 비

로소 모든 것이 실감나는 모양이었다.

나는 그에게 정원용 의자를 밀어 주었다. 그는 우울하게 몸을 굽히고 양손을 무릎 사이에 끼운 채 앉아 있었다. 그는 완전히 지친 듯이 보였으며, 낙담을 숨기려고도 하지 않았다. 나는 지금의 그에겐 어떤 말도 불필요하다는 것을 느꼈다.

그러다가 나는 느닷없이 물었다.

"왜 좀더 일찍 오지 못했나요? 니나가 그러리란 걸 당신도 잘 알고 있었을 텐데."

그 남자는 나에게 음울한 시선을 던졌다. 나는 그가 이 문제에 대해서 한 마디도 하지 않을 것이라는 사실을 깨달았다. 하지만 나라도 그에게 말해야 했다.

"이건 제 동생에게는 아주 나쁜 일이라고요."

나는 계속 말했다.

"난 당신에 대해 아무것도 알지 못해요. 그리고 당신을 비난할 생각도 없고요. 하지만 제 생각에 두 사람은 서로를 위해서 결단을 내려야 된다고 생각해요. 되는 대로 내버려 둔다면 결국 혼란밖에는 남을 게 없다는 걸 잘 아실 거예요."

내가 그 말을 하기까지 얼마나 힘들었는지 누가 짐작이나 하겠는가. 나는 이렇게 덧붙였다.

"그 애는 영국에서 결혼할 거라고 전해 달라더군요."

나는 그 말을 하면서 그를 유심히 관찰했다. 그러나 그는 고개조차 돌리지 않았다.

나는 그런 그가 가엾게 여겨졌다.

"물론 그건 진실이 아니에요."

"압니다."

그는 침울하나 침착함을 잃지 않고 말했다.

"니나는 나한테 주소도 가르쳐 주지 말라고 했겠지요?"

"물론이에요. 하지만 주소는 여기 있어요."

그는 내가 내민 종이를 받아들더니 말했다.

"아, 고맙습니다. 부인은 정말 현명하신 분이로군요."

"천만에요. 난 지금 내가 할 수 있는 가장 어리석은 짓을 하고 있는 것뿐이에요."

그는 슬쩍 다시 미소지었다.

"내 생각에 우리들 중에서 가장 이성적인 사람은 바로 부인인 것 같군요."

그의 미소는 나를 사로잡기에 충분했다. 나는 아마 그 웃음을 잊지 못할 것이다. 그리고 그 미소는 나를 영원히 그의 편으로 만드는 데 성공했다.

그는 밤새 니나의 집에 머물렀다. 우리가 긴 시간 무슨 얘기를 나누었는지는 기억나지 않는다. 그러나 니나에 대한 얘기는 분명 아니었다. 우리는 좋은 친구로 헤어졌다. 그 뒤로 나는 그를 더 이상 미워할 수가 없었다. 설령 그가 니나를 그런 식으로 쫓은 걸 생각하더라도.

그날 저녁 이후로 반 년의 세월이 흘렀다. 어느 여름 날, 나는 니나에게서 짧은 편지를 받았다.

나는 잘 지내고 있어. 카펜터 부인 댁에서의 일은 아주 자유로운 편이야. 그래서 최근에는 번역 일을 새로 시작했어. 밤 시간에는 새로운 소설을 쓰고 있어. 난 요즘 독일에서 아주 멀리 떨어져 있는 느낌이야.

은행의 전권 위임장을 같이 보내. 루트에게 옷을 한 벌 사 줘. 방과 후에 입을 수 있는 걸로 말이야. 사이즈는 38이야. 이런 시골에서는 예쁜 것을 고를 수가 없어서 그래. 난 당분간 런던에는 돌아가지 않을 거야.

가을에 독일에 갈 수 있으면 그 때 언니에게 연락할게. 무슨 일이 있어도 언니를 꼭 만나고 싶어. 자주 편지 쓸 거지? 언니를 다시 만날 수 있게 되어 정말 기뻐.

내 걱정은 하지 않아도 돼.

그게 전부였다. 나는 그 뒤로 니나에게서 아무 연락도 받지 못했다. 그러나 어서 가을이 와서 니나와 다시 만날 수 있기를 고대한다. 좀 두렵기는 하지만 말이다.

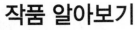

작품 알아보기
(장편문학)

〈생의 한가운데〉는 사랑의 본질을 탐구한 작품으로, 작가의 자전적인 색채가 짙은 작품이다. 두려움 없이 인생과 맞서는 니나의 삶의 자세는 곧 작가가 추구하는 인간상이라고 할 수 있다.

2차대전 직후, 허무주의에 빠져 있던 유럽의 젊은이들을 열광시킨 이 소설은, 니나를 사랑한 한 의사의 일기를 중심으로 전개된다.

니나 부슈만은 어떤 상황에서도 신념을 잃지 않는 이지적이고 매력적인 여성이다. 나약한 지식인의 전형인 슈타인은 긴 세월을 통해 니나의 성장과 변화를 관찰하며, 그녀의 모든 것에 자신의 생을 건다.

그는 니나의 방종을 견뎌내야 했으며, 옛 남편의 옥중자살을 방조하는 니나의 모험에 동참해야 했다. 죽음 앞에서 통찰하는 생의 죄, 그것을 받아들임으로써 슈타인은 구원을 얻게 된다. 니나는 인간의 근원적인 우수를 뛰어넘으려 했고, 그렇게 하는 것이 구원에 이르는 길이라고 믿었다. 단순한 애정소설을 넘어서는 이 작품에서, 사랑과 절망, 생에 대한 열정 등 인간의 보편적인 문제들을 유추해 볼 수 있다.

논술 길잡이
(장편문학)

❶ 아래 지문은 슈타인이 니나를 처음으로 만나는 장면이다. 니나와의 만남이 이후 슈타인의 삶을 어떻게 변화시켰는지 논술하라.

> 새로운 여자 환자가 한 명 생겼다. 이 여자는 골칫덩어리이다. 자신은 짐작도 못하겠지만, 거북할 정도로 나를 귀찮게 하고 있다.
>
> 일주일 전에 내 진료실로 찾아온 그녀는 구석에 웅크리고 앉아 있었다. 나는 처음에 그 여자가 발육이 더딘 어린 소녀인 줄 알았다. 그 여자는 한 번도 고개를 들고 나를 쳐다보지 않았다.

....

....

....

....

....

....

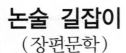

논술 길잡이
(장편문학)

❷ 이 작품에서 서술자인 '나'와 니나는 자매이면서도 서로 다른 모습을 보여 준다. 성격과 삶의 태도 면에서 두 사람이 어떤 차이를 보이는지 써 보자.

등장 인물	성 격	삶의 태도
나		
니 나		

논술 길잡이
(장편문학)

❸ 아래 그림은 니나가 벤하임의 작은 가게에서, 죽어 가는 노
파를 돌보며 살아가는 장면이다. 니나가 그 곳을 떠나지 않
은 이유는 무엇인지, 니나의 기질과 관련지어 써 보자.

....

....

....

....

논술 길잡이
(장편문학)

❹ 아래 내용은 〈생의 한가운데〉의 마지막 장면이다. '나'와 니나가 다시 만나게 될 때, 니나는 어떤 모습으로 살아가고 있을지 상상하여 써 보자.

가을에 독일에 갈 수 있으면 그 때 언니에게 연락할게. 무슨 일이 있어도 언니를 꼭 만나고 싶어. 자주 편지 쓸 거지? 언니를 다시 만날 수 있게 되어 정말 기뻐. 내 걱정은 하지 않아도 돼.

그게 전부였다. 나는 그 뒤로 니나에게서 아무 연락도 받지 못했다. 그러나 어서 가을이 와서 니나와 다시 만날 수 있기를 고대한다. 좀 두렵기는 하지만 말이다.

논·술·세·계·대·표·문·학 〈전60권〉

펴 낸 이   정재상
펴 낸 곳   훈민출판사
주   소   경기도 고양시 덕양구 원당동 416번지
대 표 전 화   (031)962-3888
팩   스   (031)962-9998
출 판 등 록   제395-2003-000042호